Walter Baumann

# Erinnerungen eines Schweizer Weltbürgers

Walter Baumann

# Erinnerungen eines Schweizer Weltbürgers

EDITION
Noack
Block

ISBN 978-3-86813-190-1
ISBN E-Book 978-3-86813-887-0



Herstellung durch Frank & Timme GmbH,
Wittelsbacherstraße 27a, 10707 Berlin.
Gedruckt auf säurefreiem, alterungsbeständigem Papier.

www.noack-block.de

Gewidmet dem Andenken
meiner Frau Margaret
1939–2022

# Inhalt

# Südamerika

„Jetzt gehen wir noch zu Beetlis Grab." Diese Aufforderung meiner Mutter habe ich nie vergessen. Auch habe ich eine Erinnerung an die Lage des Grabs. Es war ganz nahe an der sehr weissen Südwand der Kirche Oberwinterthur, wie damals auch andere Kindergräber.

Sonst weiss ich nichts mehr davon. Wir haben später nie über Beetli gesprochen. Vielleicht könnte mir das Zivilstandsamt Auskunft geben über Beetlis Geburt und Tod, über unsere Schwester. Wie der Kinderwunsch unserer Eltern erst mit meinem Bruder und mir in Erfüllung ging, kam nie zur Sprache.

In der Schweiz findet die sogenannte Grabräumung schon nach etwa zwanzig Jahren statt. Das Grab unserer Eltern besteht also seit ungefähr der Jahrhundertwende nicht mehr, und Beetlis Grab gibt es schon sehr viel länger nicht mehr. Die Asche meines Bruders wurde in einer Urne aus Holz an einem grasbewachsenen Abhang beigesetzt und wird dort wohl in Ruhe gelassen werden.

Meine Eltern lernten sich in Oberwinterthur kennen. Mein Vater machte dort eine Lehre als Spengler und Installateur im Geschäft seines Onkels, Heinrich Suremann, und meine Mutter war oft bei ihrem Onkel, Gottlieb Kohnle, der im Dorf die Gross- und Kleinbäckerei führte. Sie gehörten zur Wandergruppe. Ein Andenken daran habe ich noch: meines Vaters Rucksack. Nach dem Tod seiner Mutter meldete sich ganz unerwartet sein Vater, der vor vielen Jahren, als er in Konkurs geraten war, Frau und Sohn im Stich gelassen hatte und nach Südamerika geflohen war. Er solle doch zu ihm nach Bolivien kommen. Da gebe es so viele Möglichkeiten für ihn. Ich weiss nicht, was ausschlaggebend war, sein Wunsch, endlich dem Vater wieder zu begegnen oder sein Wunsch, die weite Welt zu sehen. Tragischerweise kam es zu keiner Wiederbegegnung. Es hiess, sein Vater sei auf der Hazienda, deren Verwalter er war, von den Einheimischen ermordet worden.

Glücklicherweise gelang es meinem Vater, einen deutschen Brauerei- und Brennereibesitzer von seinem Fachwissen zu überzeugen. Er sah, wie im Beisein des fluchenden Besitzers, es zwei Bolivianer nicht fertigbrachten, ein Ofenrohr zu biegen. Da trat mein Vater hinzu und zeigte es ihnen. Man füllt das Rohr mit Sand. Gleich wurde ihm die Stelle als Chef-Installateur angeboten. Ohne ihn hätte die eben aus Deutschland eingetroffene Dampfmaschine nicht in Betrieb genommen werden können.

Das Einzige, was er sich gönne, schrieb mein Vater seiner Freundin in Winterthur, der er einen Heiratsantrag gemacht hatte und die bereit war, nach La Paz zu kommen, sei Pepito, sein Pferd. Schon waren alle Vorbereitungen für die lange Seereise getroffen, als die Nachricht eintraf, dass mein Vater nach einem Sturz von Pepito bewusstlos im Krankenhaus liege. Da meinten die Freundinnen meiner Mutter, sie solle doch die Abreise verschieben. Vielleicht sterbe er ja. Doch meine Mutter machte sich wie geplant auf die grosse Reise. Tatsächlich erholte sich mein Vater und war in Arica, Boliviens einziger Zugang zum Meer, als das Schiff ankam. Hier wurde gleich geheiratet, und die Angehörigen der deutschen und der Schweizer Kolonie schenkten dem Paar eine Schwarzwälder-Uhr, die heute in unserer nordirischen Stube hängt.

Leider war Südamerika für meine Mutter nicht das Paradies. Auf einem Ausflug in den bolivianischen Yungas bekam sie Malaria, von der sie nie wieder ganz loskam und die wahrscheinlich auch an den Fehlgeburten schuld war. Man riet ihr, das auf 3.640 Meter über Meer gelegene La Paz zu verlassen. Die Gesundheit seiner Frau muss meinem Vater mehr bedeutet haben als seine grossartige Stelle bei der Brennerei und Brauerei. Und so zogen sie nach Chile, wo das Klima für Malaria-Kranke besser sein soll. Es gelang meinem Vater jedoch nicht, eine neue Existenz aufzubauen. Helen, eine Freundin meiner Mutter, die sich in Cleveland, Ohio, niedergelassen hatte, schrieb ihr, sie sollen doch zu ihnen kommen; denn es gebe dort offene Stellen in Hülle und Fülle. Aber als meine Eltern herausfanden, dass der Umzug nach Cleveland ebenso teuer war wie die Reise in die Schweiz, fanden sie, es wäre doch besser, in ihre Heimat zurückzukehren. Und, in der Tat, war es besser; denn so wurden sie von der amerikanischen Wirtschaftskrise verschont.

Das Herz meines Vaters aber blieb für den Rest seines Lebens in Südamerika. Im Wohlfahrtshaus im Areal der Firma Jäggli, wo die Lesegesellschaft Oberwinterthur ihre Bücherei hatte und mein Vater Bibliothekar war, hielt er einmal einen mithilfe eines Epidiaskops bebilderten Vortrag über seinen Lieblingskontinent. Um seine Erlebnisse aufzuzeichnen, lernte er das Schreibmaschinenschreiben. Das Typoskript hat mich hierher nach Nordirland begleitet. In einem Nachruf im *Winterthurer Jahrbuch* von 1984 wird meines Vaters Auslandsschweizerzeit als etwas damals Aussergewöhnliches beschrieben. Leider weiss ich nicht, wo die zwei schönsten Andenken aus Südamerika hingekommen sind: die zwei herrlich bunten und warmen Cochabamba-Wolldecken.

# Chrischchindli

Es ist über vierundachtzig Jahre her, seit ich dem Chrischchindli begegnet bin. Mein Bruder und ich durften nicht in die Stube. Wir mussten draussen im Gang warten und wussten nicht, warum. Endlich ging die Stubentür auf, und eine silbrig helle Lichtgestalt erschien, ein Engel. Und in der Stube der Christbaum mit brennenden Kerzen. Ein noch heute leuchtendes Bild.

Später wussten wir, dass Frieda der Engel gewesen war. Frieda und ihre Schwester Berta waren die Töchter des Oberwinterthurer Försters, der meinen Vater einmal in flagranti erwischt hatte bei einer forstwirtschaftlichen Untat. Das war, als mein Vater bei seinem Onkel den Beruf eines Spenglers erlernte und meine Mutter bei ihrem Onkel, dem Dorfbäcker Kohnle, gelegentlich aushalf. Wer sonst noch zur Jungmannschaft im Dorf gehörte, weiss ich nicht.

Meine schlimmste Weihnachtserinnerung hat mit der SBB zu tun. Ich war damals in der Primarlehrerausbildung in Zürich. Für das Pendeln zwischen Winterthur und Zürich hatte ich ein Studentenabonnement. Als ich am letzten Tag vor Weihnachten im Zug nach Zürich sass, merkte ich, dass mein Abonnement abgelaufen war. Glücklicherweise übersah dies der Kondukteur, wie der Schaffner in der Schweiz heisst. Auf der Rückfahrt, dachte ich, sieht er es vielleicht auch nicht. Aber ach, er sah es. „Sie kommen dann in Winterthur mit mir“, sagte er. Und er verpasste mich nicht. Er marschierte mit mir in den Teil des Bahnhofgebäudes, wo damals Schwarzfahrer wie ich abgefertigt wurden. Ich kann mich nicht beklagen. Ich wurde höflich genug behandelt; aber die paar Franken, die ich reserviert hatte für ein Weihnachtsgeschenk für meine Eltern, reichten gerade noch zur Bezahlung der Schwarzfahrten und der Busse.

Ich hatte nicht den Mut, glaube ich, meinen Eltern zu gestehen, dass ich beim Schwarzfahren erwischt worden war. Ich sagte wohl lediglich, ich hätte leider kein Weihnachtsgeschenk für sie. Sie nahmen es mir nicht übel. Doch ich schäme mich noch heute, dass ich ihnen den eigentlichen Grund für das fehlende Weihnachtsgeschenk nicht gesagt habe.

## Auf der Laad

Meine Mutter hatte ein ausserordentliches Talent für Freundschaften. Das beste Beispiel war ihre Beziehung zur Familie Geisser auf der Laad oberhalb von Nesslau im Toggenburg. Wahrscheinlich habe ich sie nie gefragt, wo und wie sie Anna Geisser kennenlernte. Schon bei unserem ersten Besuch auf ihrem Heimet mussten mein Bruder und ich Annas Mann Vetter Emil und ihr Bäsi Anna sagen, und die Kinder der Geissers zu unseren Eltern Bäsi Rosi und Vetter Max.

Neben der Milchwirtschaft betreute Vetter Emil als Camionneur den Gütertransport von Nesslau, dem Endbahnhof der Bodensee-Toggenburg-Bahn, hinauf in die fast tausend Meter hoch gelegene Laad. Das Zugpferd, Kohli genannt, weil es schwarz war, wurde schon bald ersetzt durch einen Jeep mit hinten offenem Verdeck … Blääs, der Appenzeller Sennenhund, sprang immer von dort hinten in den Jeep als Vetter Emils getreuen Begleiter.

Wenn man zuoberst auf der Haustreppe, statt links ins Haus, geradeaus ging, kam man in den von Fräulein Niederer geführten kleinen Laden, wo die Bauernfamilien, die alle eigentlich Selbstversorger waren, kauften, was sie nicht selbst produzieren konnten. Waschpulver zum Beispiel, dessen Geruch das ganze schindelgedeckte Haus erfüllte.

Die Schweine hatten gerade hinter der Küche ihren Stall. Das Hauptfutter der erst vor Kurzem vom Mutterschwein getrennten Ferkel war die Schotte, die in der Zentrifuge abgerahmte Milch, auch Molke genannt. Die frisch gemolkene Kuhmilch wurde in einer Tanse in die Molkerei getragen und als Schotte in den Hof zurückgebracht. Nach abends fünf Uhr fingen die Ferkel fürchterlich zu quieken an, was erst verstummte, wenn die Schotte im Futtertrog war.

Einmal kam kein Wasser mehr ins Haus. Da war die Anwesenheit meines Vaters als Spengler die Rettung. Ich weiss nicht mehr, wo er die Pumpe herhatte. Jedenfalls gelang es ihm, die Verstopfung in der Röhre zu beheben. Man hörte auch immer wieder, ganz in der Nähe, Sprengungen. Das war von den Drainage-Arbeiten. Aus sumpfigen Gebieten sollten ertragreiche Heuwiesen entstehen. Solche Ameliorationen waren Teil der schweizerischen Kriegswirtschaft.

Die unvergesslichste Bergtour, die unser Vater mit meinem Bruder und mir im Toggenburg machte, war die auf den Speer. Erst seit ich Google benutze, weiss ich, dass der Speer mit seinen 1950 Metern der König der Voralpen und der höchste Nagelfluh-Berg von Europa ist, also gut 150 Meter höher als der oder die weltberühmte Rigi. Von der Laad stiegen wir auf den Bergkamm, der beim Blässkopf beginnt und sich bis zum Speer ausdehnt. Das Speermürli, wie einer der Nebengipfel heisst, erzwingt jedoch das Verlassen des Grats und erfordert ein bisschen Kletterkunst. Vom Abstieg über die meist nicht bestossenen Alpen blieben mir vor allem die vielen Brennnesseln im Gedächtnis, die um die verlassenen Ställe aufgewachsen waren.

Nur noch ein weiteres Mal war ich auf dem Speer, und zwar im Winter mit den Skiern. Wir waren etwa unser fünf. Der Aufstieg am Gipfelhang, damals noch mit echten Seehundsfellen, kostete viel Schweiss. Seit die Schweiz nur noch mein Ferienland ist, habe ich den Speer immer wieder fotografiert, vor allem vom Zürichsee aus und vom Säntis. An einem sonnigen Wintertag zeigt er sich vom Schiff mit Kurs auf Rapperswil in seiner vollen weiss- und blaugestreiften Glorie. Schaut man vom Säntis aus auf den Speer, gleicht der steile südliche Gipfelhang dem steilen Anlauf einer Skischanze.

Ich erinnere mich an den Tag, als meine Mutter ihr Portemonnaie mit dem ganzen Feriengeld verloren glaubte. Am Tag zuvor waren wir vom Bahnhof Nesslau zu Fuss auf die Laad gekommen. Ganz verzweifelt ging meine Mutter allein den Weg zurück. Die noch nicht geteerte Fahrstrasse von Nesslau schlängelte sich aufwärts. Für Fussgänger gab es ein paar Abkürzungen, die wir benutzt hatten. Weil die Mutter lange wegblieb, gingen wir ihr bis zum Rank entgegen, von wo man die Churfirsten besonders prächtig sieht. Da kam sie auf einmal in Sicht und hielt das Portemonnaie in die Höhe. Was für ein Glück!

Bäsi Anna und Ida, die jüngste der drei Töchter der Geissers, kamen zur Beerdigung unserer Mutter als die Einzigen, die dem alten Brauch nach noch ganz schwarz gekleidet waren. Leider kam ich nicht dazu, mit ihnen über die schönen gemeinsamen Tage zu sprechen, aber in mir sind sie auch nach siebzig Jahren noch lebendig. Als der Kohli noch nicht vom Jeep ersetzt worden war und er sich am Nachmittag auf seinem Stück Weide das frische Gras genoss und sich ein paarmal rollte, hatte Marcel, unser Cousin, wegen der vielen Brämen, Erbarmen mit ihm und versuchte, sie mit dem Taschentuch zu verscheuchen.

## Landscheide

Ich hatte eine leichte Diphtherie hinter mir, und meine Mutter fand, dass ein paar Wochen auf der Landscheide mir guttun würden. Dort, oberhalb von St. Gallen und an der Kantonsgrenze zu Appenzell Ausserrhoden, auf fast genau 900 Metern, hatten Bekannte von uns eine Wirtschaft im doppelten Sinne, eine Gaststätte und ein kleines Bauerngut. Die St. Gallen-Speicher-Trogen-Bahn, eine Überlandstrassenbahn, ging daran vorbei. Abends sassen in der Gaststube fast ausschliesslich Bauern und tranken sauren Most, also sehr starken Apfelwein, oft über den Durst hinaus, sodass sie grölend nach Hause torkelten.

Holzfällen und Holztransportieren waren die Hauptbeschäftigung des Vaters und dem älteren Sohn. Einmal fuhr ich mit, als eine Fuhre Holz auf sehr steiler Strasse nach St. Gallen gebracht wurde. Sie war so steil, dass die Räder mit Ketten blockiert werden mussten. Die Kurbelbremse und die Bremsschuhe hätten nicht ausgereicht. Peter, der jüngere Sohn, und ich waren Gespielen gewesen, als die Familie noch in Oberwinterthur Gemüse anbaute und meine Mutter dort aushalf. Ich glaube, Peter und ich machten Jagd auf Mäuse mit Fallen. Das Fuhrwerk, mit dem das Gemüse auf den Markt gebracht wurde, kam an unserem Haus vorbei, wie viele andere Marktfahrer auch, da es eine Abkürzung war. Manchmal beschädigten sie auf der

Durchfahrt unseren Lattenzaun, was unserem Vater gar nicht gefiel.

Von der Landscheide aus sah man ein Stück Bodensee. Wenn Friedrichshafen nachts bombardiert wurde, bot sich ein schauerliches Schauspiel an, erzählte man, und man habe auch die Explosionen gehört. Im Winter waren die Strassen ideal zum Schlitteln. In Speicher sahen wir noch die Blutspuren neben dem Bahngleis, wo ein schlittenfahrender Bub mit der Trogenerbahn zusammengestossen und ums Leben gekommen war.

Als wir nach Jahren noch einmal zur Landscheide fuhren, sahen wir, dass Peter neben dem unteren Teil des Wohnhauses eine florierende Auto-Karosserie-Werkstatt eröffnet hatte. Hans, sein älterer Bruder, so hörte ich viel später, habe sich erhängt.

# Die Eulach

Winterthur, neuerdings abgekürzt zu Winty, heisst auch die Eulachstadt. Wir hatten, oben im Haus, in den Mansarden, Zimmerherren. Einer davon machte bei der SBB, den Bundesbahnen, die Ausbildung zum Kondukteur, also zum Schaffner. Bei der Abschlussprüfung ging es vor allem um die Geografie. Eine Frage war „An welchem Fluss liegt Winterthur?“ Unser Zimmerherr war wohl der Einzige, der die Antwort wusste. Wo sieht man schon einen Fluss, wenn man mit dem Zug durch Winterthur fährt? Die Töss, ja, aber sonst keinen. Er wusste den Namen nur, weil er von unserer Mutter gehört hatte, dass wir Lausbuben meistens nass aus der Eulach nach Hause kamen. Immer wieder behauptete er, dass er seine Stelle als Kondukteur nur uns Lausbuben zu verdanken habe.

Bei Unwetter kann sich die Eulach von einem friedlichen Gewässer in eine braune, wütend daherkommende Flut verwandeln. Deshalb hat man ihr Bachbett immer wieder korrigiert, zur Verhütung von Überschwemmungen. Zum Schwimmen ist die Eulach nicht tief genug. Etwas bachaufwärts von uns gab es, zwischen zwei Stromschwellen, einen Bretterboden, wo im Sommer die Mütter die Kleinen zum Plantschen brachten.

Der nächste Weg von unserem Haus zur Eulach war durch den Garten der Heiders. Da Herr Heider dies gar nicht gern sah, versuchten wir ungesehen durch den Garten zu schleichen. Als es uns gelang, bei sehr geringem Wasserstand, eine kleine Insel zu bauen, war Armin, Heiders Sohn, aber auch dabei. In diesem Zusammenhang fanden wir in der Eulach ein Luftgewehr, bei dem zwar der Gewehrkolben aus Holz fehlte, das aber nach gründlicher Reinigung und dem Kauf von Haarbolzen und Diabolos-Bleikugeln noch bestens funktionierte. Manchen Nachmittag veranstalteten wir mit dem einen, kolbenlosen Luftgewehr Schützenfeste bei unserem Kellereingang. Sowohl die Kimme wie das Korn waren unbeschädigt, sodass Volltreffer nicht selten waren.

Fast neben unserer Eulach-Insel ergoss sich sehr oft eine bläuliche Brühe aus einem Abflussrohr der Firma Schwarz, von Feilenhauer Schwarz. Die Wortschöpfung „Umweltsünder" gab es damals noch nicht. Wann genau es war, als der sehr hohe Fabrikschornstein abgebaut wurde, weiss ich nicht mehr. Da er nicht gesprengt werden konnte, mussten die Backsteine Runde für Runde abgetragen werden. Einige fielen in die Eulach und blieben dort, wie ich gesehen habe.

Neben der Brücke, auf der die Talackerstrasse die Eulach überquert, befindet sich das tunnelartige Ende einer Abflussröhre. Anfänglich entspricht der Durchmesser der Grösse eines Menschen. Aber je weiter man eindringt, desto kleiner wird der Durchmesser. In die Röhre vorzudringen, war natürlich eine Mutprobe. Weit bin ich selbst nie hineingegangen, aber es gab Buben, die behaupteten, sie seien erst umgekehrt, als es zu eng wurde zum Weiterkriechen. Vielleicht waren es solche Behauptungen, die bei mir ein für alle Mal die Platzangst auslösten. Wohlweislich ist heute der Zugang in diese Röhre vergittert.

Im Zuge der Renaturierung der Gewässer wird nun auch der Eulach wieder mehr Freiheit gewährt. Keine Mauern am Bachrand mehr. Freies Wachstum für Gras, Gebüsch und Bäume. Ein Ort für alles, was da kreucht und fleucht.

## Die Leichtstahlwagen der SBB

Kurz vor ein Uhr hörten wir, wenn das Stubenfenster offen war, einen schrillen Dauerton. Das waren die Leichtstahlwagen des Schnellzugs aus St. Gallen. Wenn man ans Fenster trat, sah man sie sogar etwa einen Kilometer entfernt durch die Lücke zwischen Feilenhauer Schwarz und einem Sulzer-Gebäude. Eben hatte man von Radio Beromünster, nach dem Zeitzeichen um 12.30, die Nachrichten der Schweizerischen Depeschenagentur und das „Echo der Zeit“ vernommen, und der Tisch war abgedeckt.

Damals war die St. Galler-Linie noch einspurig, und es gab einen unbewachten Fussgänger-Bahnübergang, der schon mehrmals zum Selbstmord verlockt hatte, und zwar nachts. Die damaligen Loks hatten keine Scheinwerfer, nur drei schwache Laternen. Der Lokführer habe nur einen leichten Anprall bemerkt, hiess es. Die weit verstreuten Leichenteile hätten am Morgen die Krähen genommen.

Wegen Kohlenmangel wurden die meisten dampfbetriebenen Linien der Schweizerischen Bundesbahnen im Zweiten Weltkrieg elektrifiziert. Bei der festlichen Einweihung war die Elektrolok vorn mit Blumen geschmückt, und an jedem Bahnhof mussten Schüler den Zug mit Liedern empfangen. Auch das Eisen war knapp, sodass die Oberleitung von Holzstangen getragen werden musste. Anfänglich verkehrte auf der

Strecke Winterthur – Etzwilen der Rote Pfeil, der 1935 in Betrieb genommene, damals höchst elegante Triebwagen. Als mein Bruder und ich die Fahrt nach Etzwilen und zurück unternahmen, war die Sitzbank neben dem Lokführer frei. Die Sicht auf die Armaturen und die Strecke war ein Traum.

Eine Erinnerung an die Landi von 1939 habe ich, die nicht durch die Fotos im Gedenkbuch wachgerufen worden sein kann. Meine Eltern, mein Bruder und ich gingen durch eine Scheune im landwirtschaftlichen Teil, in der es stockdunkel war. Da sagte mein Vater ganz frei heraus: „Da isch äs tunkel wie inerä Chuä inä" (Hier ist es dunkel wie in einer Kuh). Ich war damals erst dreieinhalb Jahre alt, aber den Ausspruch meines Vaters habe ich nie vergessen, ja, es ist meine allererste Erinnerung. Erst viele Jahre später, fand ich heraus, dass ihn mein Vater nicht erfunden hatte, dass der Vergleich auch im Englischen vorkommt, zum Beispiel bei Mark Twain (dark as the inside of a cow). Doch wie kann ein Mensch das wissen? Es ist ja noch keiner drinnen gewesen.

Besonders in Sommernächten, bei offenen Fenstern, hörte man die Bahnglocken beim Bahnwärterhäuschen sehr deutlich. Heute sind diese Glocken zum Schweigen verdammt, auch dort, wo sie noch zur Zierde stehengelassen wurden. Was man nachts auch nicht mehr hört, ist das Ticktack der Gleisstopfer, Zürichdeutsch genannt die Gramper, die den Schotter mit Pickeln unter die Schienen stopfen mussten.

Verschiedene Unfälle ereigneten sich am Bahnübergang, von dem wir zu Hause im Sommer die Glockensignale hörten. Beim spektakulärsten Unfall erfasste ein Zug fast ungebremst ein Fuder Heu, das sich auf dem Doppelgleis befand, weil die Schranken nicht betätigt worden waren. Das Heu war weit herum zerstreut. Ob die Pferde und der Fuhrmann umgekommen sind, weiss ich nicht mehr. Einmal standen ein anderer Bub und ich noch fast auf den Gleisen, als der Zug daher gerast kam.

Die Bähnler, die ich am meisten beneidete, waren die im Gepäckwagen Mitfahrenden. Bei offener Schiebetür lehnten sie an die Stange, die etwa auf Brusthöhe in die Türöffnung eingehängt war. Was gab es Besseres, als so an der Welt vorbeizufahren?

## Autostopp

In den 1950er und 60er Jahren gab es in Frankreich noch keine Autorouten, nur die Routes Nationales. Für Schweizer war die wichtigste die N 19, die Arnold Kübler von Basel bis Paris in 28 Tagen sogar zu Fuss bewältigte, wobei er in der Nähe von de Gaules Landsitz als Landstreicher von der Polizei angehalten wurde. Dass viele Abschnitte der Nationalstrassen wie Alleen aussehen, geht auf Napoleon zurück, der seine Soldaten und die Pferde vor der Sonne schützen wollte.

Leider sind mir von den vielen Geschichten, die ich beim Mitfahren gehört habe, sehr wenige im Gedächtnis geblieben. Ich weiss aber noch, was ein anderer Autostopper mir erzählt hat. Er sei von einem Deutsch-Amerikaner mitgenommen worden, der seine Mutter im Ruhrgebiet besucht habe. Er habe es bei ihr nicht mehr ausgehalten, weil sie ihn ständig kritisiert habe. Er solle nicht so viel Butter aufs Brot streichen, sagte sie. Er solle die Schuhe ausziehen, bevor er die gute Stube betrete, und er solle nicht so viel rauchen.

Schlimm ist es für den Autostopper, wenn es Nacht wird. Es gibt natürlich nachts weniger Fahrzeuge, die anhalten. Wenn man einen Schlafsack bei sich hat, kann man ja im Strassengraben übernachten. Als ich dies in Frankreich tat, wurde ich frühmorgens von Kühen beschnuppert. Als ich mich ausserhalb von Bozen zum Schlafen hinlegte und beim Einschlafen war, kamen ungeheure Lichter auf mich zu, die mich vor Angst vollkommen lähmten. Es dauerte recht lange, bis es mir klar wurde, dass es nur die Autoscheinwerfer waren, die an einer nahen Felswand aufleuchteten. In Bristol kroch ich in eine Bootskabine. Da ich ohne Schlafsack war und es kalt war, hielt ich es nicht aus und versuchte es in einer der roten Telefonkabinen. Kaum lag ich mit den Beinen an eine Wand gelehnt, hielt eine Limousine bei mir. Ausstieg ein hoher Polizeibeamter, wahrscheinlich der Chief Constable von Bristol und fragte mich, was ich hier tue. Ich sei unterwegs nach London, sagte ich, hätte aber keine Übernachtungsgelegenheit gefunden. Es war schon gegen Morgen. Er aber sagte, ich solle das nächste Mal zu ihnen kommen. Einmal habe ich auch unter dem Nietzsche-Stein am Silsersee geschlafen.

Die verrückteste Fahrt war die mit einem Engländer in einem MG-Sportwagen. Es war auf einer sehr kurvenreichen Strecke unweit von Calais. Da wurde in einem fort runtergeschaltet und raufgeschaltet, natürlich immer mit Zwischengas. Als ich ihn fragte, ob er gerade Strassen lieber habe als kurvige, sagte er: „Same thing". Und als ich fragte, ob er den Linksverkehr in England lieber habe als den Rechtsverkehr auf dem Kontinent, sagte er wieder: „Same thing." Wie viele Male er „Same thing" mir zur Antwort gegeben hat, weiss ich natürlich nicht mehr, aber er ist mir über all die Jahre als „Same-thing-man" in Erinnerung geblieben.

Im England der 1950er Jahre sah man auf den Strassen noch viele Vorkriegsmodelle. Um Benzin zu sparen, stellte manch ein Fahrer auf abschüssigen Strecken den Motor ab und verliess sich allein auf die Bremsen. Einmal, als ich nachts unterwegs war, sah ich plötzlich, dass der Wagen begann, von der Strasse abzukommen. Zum Glück weckte mein Schrei den Fahrer gerade noch rechtzeitig. Auf einer Mitfahrt im Wallis hielt der Fahrer bei einem weidenden Esel an und bat mich, auszusteigen und ihm, dem Esel, eine Zigarette zu geben. Jedes Mal, wenn er hier vorbeifahre, reiche er ihm eine, sagte er. Es kam auch vor, dass man zu einem Getränk eingeladen wurde. Als mich in der Nähe von Warwick in England ein vornehmer Herr in seinem von einem Chauffeur gelenkten Rolls-Royce mitnahm, liess er bei einem Strassencafé anhalten und offerierte mir eine Flasche Gingerale. Er hatte mich mitgenommen, weil er an meinem Rucksack den Wimpel mit dem Schweizerkreuz gesehen hatte und er zu jenen Engländern gehörte, für die die Schweiz der „Playground of Europe" war.

In den USA, in Wyoming, habe ich die Erfahrung gemacht, dass man auch als alter Mann noch „hitchhiken" kann. In einem Fall war es sogar der Anfang einer E-Mail-Freundschaft. Auf dem Parkplatz, von dem aus Anselm Adams sein berühmtes Bild des Snake Rivers und der Grand Tetons gemacht hat, war einer mit einem nagelneuen roten Pickup Truck. Er sagte zu, als ich ihn bat, mich mitzunehmen. Er gehe fischen, sagte er. Sein Beruf sei das Vermitteln von Luxussportwagen an Filmschauspieler. Das mache er alles mit dem Cell-Phone, neben dem Fischen. Im Übrigen seien die Hollywoodstars oft knauserig mit ihrem Geld.

Als ich in Schottland, in Aberdeen, Austauschstudent war, besuchte ich einige Male das British Museum in London, natürlich mit Autostopp. Mein Rekord für die Strecke von Aberdeen bis London war 17 Stunden. Nachts kommt man oft besser voran als bei Tag. Und die Gespräche sind länger. Natürlich kann man Pech haben beim Reisen per Anhalter. Mir blieb es Gott sei Dank erspart.

## Am Gardasee

Zu der Zeit, als es auf den Strassen noch mehr Rad- als Autofahrer gab, war Autostopp dennoch leichter als heute, weil es für Pkw- und Lkw-Fahrer zum Anhalten weniger gefährlich war. Übernachtet hatte ich, wie andere Autostopper, in der Jugendherberge in Zell am See, das damals noch eher ein Bauerndorf war als ein Ferienort. Am anderen Morgen hatte ich grosses Glück. Das Ehepaar, das mich mitfahren liess, war über den Grossglockner-Pass nach Lienz unterwegs. Es war eine herrliche Fahrt. Wie ich von Lienz nach Riva am oberen Ende des Gardasees gekommen bin, weiss ich nicht mehr.

Es gab damals noch keine eigentlichen Zeltplätze. Aber am Ufer waren drei Deutsche, die neben ihren Fahrrädern ihr Zelt aufgeschlagen hatten. Ich setzte mich zu ihnen. Einer von ihnen fragte mich, wo ich herkomme. „Ich bin ein Schweizer“, sagte ich. Er lächelte und meinte: „Ja, man hört es, aber man sagt nicht: Ich bin ein Schweizer, sondern: Ich bin Schweizer.“ Dies war eine unvergessliche Lektion in richtigem Deutsch für mich.

Aber sonst kamen wir gut miteinander aus. Einer hatte eine Taucherausrüstung bestehend aus Taucherbrille, Schnorchel, Flossen und Harpune. Einmal erlegte er einen Aal, den er am offenen Feuer briet und den wir mit Hochgenuss verspeisten. Ihr Zelt und mein

Schlafplatz waren am Rande eines Olivenhains, in dem zwei Einheimische den Boden lockerten. Einer von ihnen fing richtiggehend Feuer, als er vernahm, dass ich Schweizer und aus Winterthur sei. „Wintenthur, ich kenne! Leute mit uns gut. Mit Kleider sie kommen. Hast du Hose? Da, hast Hose." Es stellte sich heraus, dass der Mann 1945 aus der Kriegsgefangenschaft über die Schweiz nach Italien repatriiert worden war, mit mehrtägigem Halt in Winterthur. Untergebracht waren sie im Schulhaus Lindberg in Oberwinterthur, dem mancherorts verpönten Flachdachgebäude im Bauhaus-Stil, wo ich drei Jahre meiner Schulzeit verbrachte.

Äusserst faszinierte mich die Fahrt von Riva durch die 47 Tunnels der Gardesana, die für mich die in der Schweiz so bewunderte Axenstrasse vollkommen in den Schatten stellte. Aber ich höre noch immer das ständige Tuten der Autos, wofür die Italiener damals berühmt und berüchtigt waren.

Als die Italiener dann als sogenannte Gastarbeiter zu Tausenden in die Schweiz kamen, verwandelten sich ihnen gegenüber das Mitleid und die Hilfsbereitschaft von 1945 in Fremdenhass. Wie Max Frisch so treffend geschrieben hat: „Man hat Arbeitskräfte gerufen, und es kommen Menschen."

## Auf Pilchard-Fang in Cornwall

Ich lernte ihn und seine Familie beim Hotel Tellsplatte am Vierwaldstättersee kennen. Wie wir überhaupt ins Gespräch gekommen sind, weiss ich nicht mehr. Jedenfalls gab er mir ihre Adresse. Sie wohnten in Cornwall, in einem Fischerdorf namens Mevagissey. Wie es dann dazu kam, dass ich auf meiner ersten Englandreise tatsächlich bei ihnen einen Besuch machte, weiss ich ebenfalls nicht mehr. Sie wiesen mir in ihrem schönen grossen Haus ein Zimmer an, aber während meines ganzen Aufenthalts war die Familie immer nur in der kleinen, aber gemütlichen Küche zusammen.

Als Landratte lockte es mich sehr, mit Eddie und seiner Mannschaft zum Fischfang aufs Meer zu fahren. Und das auch noch bei Nacht. Auf Englisch heisst der Fisch, auf den sie mit einem kilometerlangen Fallnetz Jagd machten, „Pilchard". Im Deutschen begnügt man sich mit dem italienischen Namen „Sardello". Weil er der Sardine gleicht, hat man ihn auch Cornwall-Sardine genannt. Er war während langer Zeit für die Region überlebenswichtig. Wenn man den Fisch auspresste, gewann man aus ihm Lampenöl, zum Beispiel zur Beleuchtung des Londoner Nachtlebens.

Die Pilchards sind Wanderfische. In gigantischen Schwärmen ziehen sie im Meer herum. Die Zeit, in der der sogenannte „huer" (Schreier) von einer hohen Warte an Land für die Fischer nach den Schwärmen

Ausschau hielt, ist längst vorbei. Auch Eddies Boot hatte, schon in den Fünfzigerjahren, ein Echolot.

Als das lange Netz endlich ausgeworfen und der Schiffsdiesel abgestellt war, ging man runter in die Kajüte zum Imbiss. Aber das schlingernde, stillstehende Boot tat mir gar nicht gut. Ich konnte nichts essen. Ich war seekrank und musste raus aus der rauchigen Luft der Kajüte. „Always catch onto something", rief mir einer der Fischer noch nach. Viel besser fühlte ich mich auf Deck auch nicht.

Und dann kam das langwierige Einholen des Netzes. Obwohl es noch dunkel war, flogen Dutzende von fürchterlich schreienden Möwen herbei und versuchten, auch etwas von der Beute zu erhaschen. Aus dem Netz warfen die Fischer die silbrigen Pilchards auf das Deck. Erst darauf wurden sie in grosse Körbe getan. Und es war nun Tag, das Meer spiegelglatt und der Himmel wolkenlos. Schon bald fuhren wir in den inneren Hafen ein, wo die Körbe an Land gehievt wurden. Die letzte, aber unbedingt notwendige Verrichtung, bevor wir nach Hause gehen konnten, war das Anschrauben auf beiden Seiten der Bootsaussenwand von „Beinen". Bei Ebbe war der innere Hafen ohne Wasser, sodass das Boot ohne die „Beine" umgekippt wäre.

In den Fünfzigerjahren des letzten Jahrhunderts sprach man noch kaum von Überfischung. Greenpeace wurde erst 1971 gegründet, eben als die hypermodernen Trawler, die mit ihren Riesennetzen den Meeresboden aufwühlen und ganze Korallenriffe zerstören, von Stapel liefen. Im Übrigen ist der arme Pilchard von Sportfischern, zerstückelt, zum blossen Köder für grössere Fische herabgewürdigt worden.

## Der Blumenstrauss

In den ersten Jahren nach dem Zweiten Weltkrieg hatten nur sehr wenige Leute ein Auto. Sonntägliche Familienausflüge, wenn es nicht nur Fusswanderungen waren, machte man mit der SBB, der Eisenbahn. Da sass man auf den lackierten Holzbänken der 3. Klasse, und unter ihnen lagen oft Hunde; denn die gehörten auch zur Familie. Damals war der Appenzeller der Lieblingshund. Einen solchen hatte auch die Familie von Professor Beck. Sie fuhren wie wir zum Beispiel nach Stein am Rhein. Natürlich hatte Professor Beck, wie mein Vater auch, einen Spazierstock.

Professor Beck war seinerzeit Präsident der Literarischen Vereinigung Winterthur. Einmal war eine Verwandte des Berner Schriftstellers Rudolf von Tavel zu einer Lesung aus seinen Werken eingeladen. Frau Professor Beck, wie man damals noch der Gattin eines Professors sagte, kam vor der Lesung mit einem verhüllten Blumenstrauss auf mich zu und sagte, ich solle dem Gast am Schluss der Lesung diese Blumen überreichen. Wie sie auf mich gekommen ist, kann ich mir nicht erklären.

Viele Jahre später habe ich in Bern mehr als ein halbes Dutzend von Tavels Romanen antiquarisch gekauft, billig, weil er aus der Mode gekommen war. Ohne jene Lesung und die Blumenübergabe wäre ich wohl nie sein Leser geworden. Wie meine Blumenübergabe vom Publikum aufgenommen wurde, wie mein erster Auftritt vor Publikum gewertet wurde, erfuhr ich natürlich nie. Das war noch vor der Zeit, als man bei solchen Gelegenheiten sich umarmte. Ob ich wenigstens einen Handschlag bekommen habe, weiss ich nicht mehr.

Einen weiteren Auftritt in der Literarischen Vereinigung hatte ich in einem Singspiel, dessen Titel ich völlig vergessen habe. Einer der Sänger war ein Primarlehrer an der Schule, wo ich während meiner Lehrerausbildung ein Praktikum zu machen hatte. Meine Praxislehrerin musste mir von ihren Kollegen, also auch vom Sänger, der mich kannte, ausrichten, dass meine Anwesenheit, als Praktikant, im Lehrerzimmer unerwünscht sei. Es muss ihr sehr leidgetan haben. Da sie gemerkt hatte, dass ich als Primarlehrer zu hohe Interessen hatte und ich ihr wohl auch von meinen England-Aufenthalten erzählt hatte, schenkte sie mir zum Abschied T. S. Eliots Gedichte.

# Der Lindbergwald

Keine Stadt in der Schweiz soll an Wäldern reicher sein als Winterthur. Da ich in Oberwinterthur aufgewachsen bin, ist mir der Lindbergwald am vertrautesten. Ich lernte ihn kennen während des Zweiten Weltkriegs, als mein Bruder und ich mit unserer Mutter Tannenzapfen und Fallholz sammeln gingen. Dazu brauchte man vom Förster einen Holzsammelschein, und es durfte nur für den Eigengebrauch gesammelt werden. Die kugelrunden Zäpfchen der Föhren, auf Zürichdeutsch „Forigeli" genannt, hatten für meinen Bruder und mich einen besonderen Reiz, weil sie zu Hause beim Anfeuern des Ofens so schnell und herrlich anbrannten. An Stellen, wo Bäume gefällt worden waren, sahen wir, wie die „Büürdeli"-Macher auf dem „Büürdelibock" Reisigbündel mit Draht zusammenpressten. Ob wir das gesammelte Brennmaterial in Säcken nach Hause trugen oder es auf den Leiterwagen luden, weiss ich nicht mehr.

Später, als wir aus dem Lederstrumpf-Album der Seifenfabrik Steinfels in Zürich wussten, wie es unter Rothäuten, Waldläufern und Siedlern zugegangen war, drangen wir immer mehr in den Lindbergwald ein und versuchten so zu leben wie Killdeer, Chingachgook und Uncas. Auf unseren Streifzügen stiessen wir auch auf den einzigen Gedenkstein in diesem Wald. Er ist etwa anderthalb Meter hoch und erinnert an Jakob

Pfau (1783–1849). Dieser war ein Nachfahre der berühmten turmartigen Kachelofenbauer und ein Amtmann von Winterthur. Er soll auf der Jagd gewesen sein und

> STARB HIER
> an einem Schlagfluss

Ich glaube nicht, dass viele Waldspaziergänger dieses Monument beachten, nicht zuletzt, weil es jetzt nicht mehr am Rand der Waldstrasse steht, sondern fast im Gebüsch versteckt, zwanzig oder mehr Meter davon entfernt. Doch ein Schulkamerad und ich hatten die altmodische Beschreibung von Pfaus Todesursache bei einer Zusammenkunft nach vielen Jahren noch immer im Kopf.

## Mein Poesie-Rad

Ich weiss nicht mehr, wo es herkam, das neu gestrichene, rabenschwarze Militärvelo. Das Besondere war der sogenannte Rücktritt. Statt mit einer Felgenbremse bremste man, indem man das Gewicht auf die Pedalen statt vorwärts, rückwärts drückte. Die Vorderradbremse ging auch nicht auf die Felge, sondern den Pneu, wie man in der Schweiz dem Reifen sagt. Auf einer langen Abfahrt wurde der Rücktritt so heiss, dass man sich daran die Finger verbrennen konnte.

Wie oft ich es tat, kann ich nicht mehr sagen. Ich hasste die Mathematik, und wenn eine Prüfung angekündigt war und ich mich nicht darauf vorbereitet hatte, nahm mich mein Poesie-Rad nicht Richtung Kantonsschule, sondern Richtung Mörsburg, wo ich meinen Band mit Walther von der Vogelweides Gedichten aufschlug und mich als Minnesänger fühlte. Diesen Band hatte ich in Wieners Antiquariat im Rathausdurchgang gefunden und liegt heute wohl noch immer in einer Bücherkiste auf dem Dachboden des jetzt nicht mehr elterlichen Hauses.

Ich versuchte, auch selbst Gedichte zu schreiben, für ein Mädchen, das in der Nähe des Stadtgartens wohnte und in das ich mich sterblich verliebt hatte. Weder aus meiner Liebe noch aus meinen Gedichten ist etwas geworden. Aber sie halfen mir, die verhasste Mathematik zu vergessen. Diese scheint sich aber an mir gerächt zu haben; denn sie plagte mich immer wieder in einem sich wiederholenden Traum. Die Maturprüfungen standen bevor, und ich hatte überhaupt nichts getan für die Mathematik. Es gebe ja gar keine Prüfung in diesem Fach, behauptete jemand, aber die Sache liess mich doch nicht in Ruhe, und ich war immer froh, wenn ich erwachte und mir sagen konnte, dass all das längst vorbei sei. Und ich erinnerte mich mit Erleichterung an das, was der Mathe-Lehrer mir vertraulich ins Ohr gesagt hatte: „Bei Ihnen hat es gerade noch gereicht für eine 4“ (was genügend heisst).

Es war sein Fach, das ich hasste, nicht ihn als Mensch. Als Leiter unseres Skilagers und Begleiter auf der Maturreise war er kameradschaftlich und auch witzig. Eine Gletscherspalte war für ihn ein Briefkasten, in den hineinzugeraten man unbedingt vermeiden solle. Als die italienischen Carabinieri uns Schwierigkeiten machten, weil der Monte Moro-Pass zurzeit noch als geschlossen galt, sagte er ihnen mehrere Male – es war 1955 – „Finito la guerra!“ Der andere Lehrer war Romanist, sodass sein Italienisch über die drei Worte hinausreichte. Ihm gelang es schliesslich, diese so ernsthafte Sache auf der Hauptwache in Domodossola zu erledigen.

Nach Jahren hiess es, mein Mathematiklehrer habe sich das Leben genommen. Das machte mich sehr traurig; denn ich verdankte es ja ihm, dass in meinem Maturitätszeugnis im Fach Mathematik mir der Schandfleck einer Note unter 4 erspart geblieben ist.

# Meine Lehrer

Noch weiss ich, wie wir unserer Kindergärtnerin sagen mussten: Tante Stössel, und der andern, bei der mein Bruder gewesen war, Tante Niederer. Ich sehe mich noch immer, wie ich rücklings auf einem Stuhl sitze und versuche, um die Lehne einen Schuhbändel zu binden, oder versuche, an der Wanduhr die Zeit abzulesen. Bei Herrn Carl Beerli im Schulhaus Talacker sehe ich mich über die Schiefertafel gebeugt, mit dem Griffel in der linken, statt der rechten Hand, oder aus dem Setzkasten Buchstaben zu Wörtern zusammenstellen. Nach drei Jahren im Talacker war ich ein Jahr im Roten Schulhaus, beim strengen, aber gerechten Herrn Sommer. Weil die Klasse zu gross war, kam ich im folgenden Jahr in das Nebengebäude des Geiselweidschulhauses, wo aus dem „Überschuss" eine Klasse gebildet wurde. Die Namen der Verweser weiss ich nicht mehr. Nach diesem Jahr kam ich in eine neugebildete 6. Klasse im Schulhaus Lindberg. Ich weiss nicht mehr, wieso der Lehrer, H. S., einmal zu mir sagte, dass er auch schon mal einen Baumann in seiner Klasse gehabt habe, und aus dem sei auch nichts geworden.

Dann kam ich zu Dr. Ulrich Wespi in die Sekundarschule, vom Neubau des Lindbergschulhauses in den Altbau. Unser Lehrer für Mathe usw. hiess Davidshofer. Er war noch nicht gewählt und wurde auch nicht als Kandidat aufgestellt. Wir Schüler mochten ihn sehr, und als es zur Lehrerwahl kam, gaben ihm unsere Eltern und noch ein paar andere trotzdem ihre Stimme, was den Präsidenten der Schulpflege in Rage versetzte.

Dass ich überhaupt Akademiker wurde, verdanke ich allein Dr. Wespi. Meine Leistungen waren zwar nicht besonders gut. Doch er überzeugte meine Mutter, dass man mich an die Kantonschule schicken sollte. Ich bestand die Aufnahmeprüfung, und in den viereinhalb Jahren an der Lehramtsabteilung erkannte ich meine Abneigung gegen Mathematik und Physik, aber meine Zuneigung zur Dichtung und vor allem zur englischen Sprache, wozu meine zwei Aufenthalte in England und mein Englischlehrer Fritz Güttinger das ihre beigetragen haben. Während der Lehrerausbildung wurde mir klar, dass ich gleich im Anschluss an der Uni Zürich Anglistik und Germanistik studieren wollte.

Als ich beschloss, über den amerikanischen Dichter Ezra Pound zu dissertieren und Prof. Heinrich Straumann schliesslich einverstanden war, meinte der Linguistik-Professor Ernst Leisi, dass es schade sei um meine Intelligenz. In seinem Brief zu unserer Hochzeit gab Leisi uns noch einen ganz besonderen linguistischen Rat, dass ein Ehepaar bei Konflikten die Wörtchen „nie" und „immer" unbedingt vermeiden sollte.

In der mündlichen Doktorprüfung bei Emil Staiger wurde mir die „Trilogie der Leidenschaft" vorgelegt. Als ich sagte, dass zuerst verwiesen werde auf *Die Leiden des jungen Werthers*, sagte Staiger sogleich: „Ja, so hat es einmal geheissen.“ Ich war vollkommen verdutzt, vor allem, weil ich gerade diese drei Gedichte gründlich studiert hatte. Dabei handelte es sich nur um das Genitiv-s bei Werther, das in modernen Ausgaben, wenigstens meistens, ausfällt.

## Glattalp

Es ist über siebzig Jahre her. Ich war fünfzehn und die zwei andern um die zwanzig. Wir waren unterwegs zur SAC-Hütte auf der Glattalp. Die Seilbahn gab es noch nicht. Mit Rucksack und den Skiern auf den Schultern war der Aufstieg mühsam. In den Schnee kamen wir erst auf halbem Weg. Die Tage waren kurz, und wir waren spät dran. Zum Glück waren wir nicht lange im Dunkeln. Der Mond – es war drei Tage vor Vollmond – ging auf und verwandelte die schneebedeckte Bergwelt in ein herrlich leuchtendes Wunderland, in einen einmaligen, unbeschreiblichen Anblick. Ich war auch schon einmal in einer Vollmondnacht mit andern quer durch Wald und Felder gewandert. Doch damals fehlte der Schnee als alles erleuchtender Reflektor.

Es waren schon drei andere Skifahrer in der SAC-Hütte, als wir ankamen, ein Mann und zwei Frauen, die am Morgen Richtung Braunwald aufbrachen. Aber schon am Vormittag fing es an, heftig zu schneien, und es schneite in einem fort, die ganze Woche, die wir auf der Glattalp verbrachten. Die geplanten Skitouren konnten nicht unternommen werden. Eigentlich war ich froh darüber, weil mein Können als Skifahrer dazu nicht ausgereicht hätte. Das zeigte sich nur zu deutlich am letzten Tag, auf der Abfahrt ins Tal. Beim Traversieren eines Steilhangs rutschte ich aus und wäre in die gähnende Tiefe gestürzt, wenn das Hinterteil meiner

Ski nicht im Schnee stecken geblieben wären und ich durch die andern gerettet werden konnte.

Der anhaltende Schneefall zwang uns, aus der Gefangenschaft in der Glattalp-Hütte das Beste zu machen. Ernst stand gerade vor der Maturprüfung, die er nachholen wollte. Für das Fach Deutsch hatte er sich Grimmelshausens *Simplicissimus* vorgenommen. Jedes Mal, wenn er beim Lesen an eine pikante Stelle kam, las er sie zu unserem Gaudi vor. Ruedis Spezialität war das Pfeifen langer Partien aus der klassischen Musik. Ob ich überhaupt selbst etwas zur Unterhaltung beigetragen habe, weiss ich nicht mehr. Aber mir scheint, dass mich die Glattalpwoche in mancher Hinsicht geistig gefördert hat.

Vor einigen Jahren gelang es dem Bibliothekar der Sektion Schwyz des SACs den Hüttenbucheintrag von unserem Aufenthalt zu finden. Er war vom 1. bis 6. Januar 1950. Auf der Bleistiftskizze, die Ernst unter seinem Kommentar hinzufügte, soll ich unschwer erkennbar sein.

## Tödlicher Absturz

Vom Überlebenden, Ernst Grieshaber, habe ich mehrere Male davon gehört. Es war 1947. Er sei als Kunstturner am Eidgenössischen Turnfest in Bern gewesen. Anschliessend sei er mit dem Velo in die Urner Alpen gefahren, wo sein Freund, Walter Leder, wahrscheinlich in der Etzlihütte des SACs, auf ihn gewartet und ein feines Essen zubereitet habe.

Frühmorgens seien sie aufgebrochen zur Besteigung des 2910 Meter hohen Kletterbergs Sunnig Wichel. Sie seien noch nicht angeseilt gewesen. Walters Standort sei auf einem Absatz, das heisst, auf einem Felsvorsprung gewesen. Was genau passiert sei, könne er mir nicht sagen. Plötzlich sei von Walter nichts mehr zu sehen gewesen. Wie er, Ernst, es geschafft habe, zum abgestürzten Freund hinunterzuklettern, sei ihm noch immer ein Rätsel. Wo er im Tal Hilfe fand, hat er mir nicht erzählt. Nach unendlich langen Stunden sei er mit einem Polizisten, einem Maultier und seinem Führer wieder bei Walters Leiche angelangt. Da habe er gesehen, dass seine Augen noch offenstanden und ihn anzustarren schienen. Als er dies seiner Mutter erzählt habe, habe sie ihn getadelt und gesagt, ob er denn nicht gewusst habe, dass man einem Toten die Augen zudrückt.

Bis jetzt ist es mir nicht gelungen, einen Zeitungsbericht über diesen Bergtod zu finden. Ein paar Einzelheiten hat mir Ernsts engster Freund, Ruedi Kronauer, brieflich mitgeteilt. Ernst habe sein ganzes Leben lang daran gelitten. Er war damals erst siebzehn, Walter Leder schon etwa fünfundzwanzig. Ich kannte seine Eltern nur vom Sehen her. Doch wenn ich ihnen begegnete, fand ich, ich sehe ihnen die Trauer über den Verlust ihres einzigen Sohnes schon von Weitem an.

## Totale Mondfinsternis am 19. Januar 1954

Ich erinnere ich mich nicht mehr, woher wir wussten, dass frühmorgens am 19. Januar 1954 eine totale Mondfinsternis stattfinden würde. Jedenfalls hatten wir abgemacht, mit dem Velo an den Rhein zu fahren und von dort aus zu verfolgen, wie in fünf Stunden und vier Minuten aus einem Vollmond ein Blutmond und wieder ein Vollmond wird. Vor dem Aufbruch um Mitternacht legten wir uns etwa zwei Stunden zu Hause ins Bett. Dann fuhr ich mit dem Rucksack voll Brennholz und Verpflegung zu meinem Freund. Um ihn wecken zu können, hatte er sich eine Schnur um das linke Handgelenk gebunden und sie durch das einen Spalt geöffnete Fenster in den Garten hinuntergelassen. Ein einziger Zug an der Schnur genügte. Auch er kam mit einem Rucksack voll Holz aus dem Haus. Aber er hatte auch noch ein Seil darauf.

Zu dieser mitternächtlichen Stunde war damals kaum noch Verkehr. Ich mag mich nicht erinnern, dass wir von den Scheinwerfern eines entgegenkommenden Autos geblendet wurden. Wir konnten ohne Weiteres nebeneinander fahren und ungestört plaudern. Als wir bei Flaach den Rhein überquerten, sahen wir, dass das Wasser an seichten Stellen gefroren war. Ein Ruderboot zog zunächst unsere Aufmerksamkeit auf sich. Doch wir waren nicht verrückt genug, in die ziemlich starke Strömung hinauszurudern. Wir bestiegen unsere Velos wieder und fuhren hinauf zu einem Feldweg, der am rechten Ufer rheinaufwärts führt. Noch schien der volle Mond. Da sahen wir unverhofft einen anderen Velofahrer uns entgegenkommen. Ein Grenzwächter. Der Feldweg war zwar noch in der Schweiz, aber die deutsche Grenze, die hier nicht vom Rhein gebildet wird, ist sehr nah. Was wir zu dieser Zeit hier zu suchen hätten, fragte er. Ob er denn nicht wisse, dass heute Nacht eine totale Mondfinsternis sei? Eben sah man am Mond eine erste Verdunkelung. Ich glaube nicht, dass wir ihn überzeugen konnten. Aber nachdem wir ihm erklärt hatten, dass wir nur zum Rheinufer hinunterwollten, um dort die Nacht zu verbringen, liess er uns schliesslich weiterfahren.

Während der Erdschatten dem Mond immer mehr Licht wegnahm, wurde das Lagerfeuer unsre einzige Quelle für Licht und Wärme. Ob wir da unten kalt hätten, rief plötzlich eine Männerstimme. Wir verneinten es, aber wir wussten jetzt, dass die Grenzwächter beschlossen hatten, uns die ganze Nacht hindurch zu observieren.

Doch wir machten uns nichts daraus und wir bereiteten uns vor auf den Sprung in den Rhein. Den machten wir nicht zusammen, sondern einzeln. Das Seil hatten wir mitgenommen zur Sicherung. Vor dem Eintauchen wurde der Schwimmer bergsteigermässig angeseilt. Der am Ufer Stehende sorgte dafür, dass das Seil stets straff war. Die Strömung war wirklich beträchtlich. Ohne Seil wäre der Ausstieg aus dem Wasser sehr schwierig gewesen und ohne gutbrennende Scheiter wäre unser Schlottern kaum zu stoppen gewesen.

Erst seit ich das Internet benutze, weiss ich genug über Mondfinsternisse: dass der Mond zunächst in den Halbschatten der Erde gerät, was man erst nach einer Stunde richtig sieht, dass ihn darauf der Kernschatten erfasst und die Totalphase beginnt. Am 19. Januar 1954 war die maximale Verfinsterung um 3:32 erreicht. Vor lauter Feuer machen, Wasser kochen und Würste braten kamen wir nicht dazu, die Farbe des vom Erdschatten verschluckten Monds zu bestimmen. War er tatsächlich rot, als Blutmond, zu sehen? Bei den zwei oder drei anderen Mondfinsternissen, die ich in Irland beobachtet habe, war die Farbe eher grünlich, fast wie ein Tennisball, nur weniger hell natürlich.

Ob wir ausgeharrt haben bis zum Austritt des Mondes aus dem Schatten der Erde, weiss ich nicht mehr. Doch einer der Grenzwächter war immer noch auf seinem Posten, als wir unsere Velos bestiegen. Er fuhr sogar mit uns, bis wir die Hauptstrasse erreichten. Nicht nur in der Schweiz, sondern auch in Irland scheinen Menschen, die mitten in der Nacht den Mond anstarren, von Beamten verdächtigt zu werden. Ich stand mit meiner Kamera oben auf der Mauer des rekonstruierten Forts Grianan of Aileach, als ich Schritte hörte, und eine Stimme rief: „What's the name?" Das war eine Patrouille der Garda Síochána, der Polizei in der Irischen Republik, meist The Guards geheissen. Im Übrigen haben die Schweizer Grenzwächter am Rhein am 19. Januar 1954 nicht nach unseren Namen gefragt.

## Der blaue Volkswagen

In welchem Jahr mein Bruder ihn angeschafft hatte, weiss ich nicht mehr. Schon bald überliess er mir einmal das Steuer, auf einer ungeteerten Überlandstrasse. Kurz nach dem Anfahren bekam ich Angst und drückte viel zu heftig auf die Bremse, und der Wagen landete in einem zum Glück untiefen Strassengraben. Mein Bruder war nicht böse, aber enttäuscht. Wir machten zusammen keine weiteren Fahrversuche mehr.

Ein paarmal hat mich mein Bruder im blauen VW zu Partys chauffiert, die ich ohne seine Bereitschaft nicht hätte besuchen können. 1960 kamen mein Bruder und meine Schwägerin mit dem VW nach Frankreich, wo meine Frau in Poitier ihr Auslandssemester verbracht hatte. Ich erinnere mich besonders gut an die herrlich warmen Atlantikwellen, in denen mein Bruder und ich geschwommen sind. Weil in Paris der blaue VW ziemlich weit von unserem Hotel geparkt werden musste, beschlossen wir, Margarets und meinen gemeinsamen schweren Koffer im Auto zu lassen. Das war einer der grössten Fehler, den wir in unserem Leben begangen haben. Im VW-Käfer ist hinten, hinter der Sitzlehne, Platz für einen grossen Koffer. Leider dachten wir nicht daran, dass man ihn von aussen sehen kann. Als wir abfahrbereit am andern Morgen zum VW zurückkamen, war der Koffer weg. Auf der Passagier-Seite war mit einem Haken das Fenster aufgebrochen worden. Wie weit es zum nächsten Polizeiposten war, weiss ich nicht mehr, auch nicht, ob mein Bruder den Diebstahl seiner Versicherung gemeldet hat. Der schlimmste Verlust waren Margarets Notizen aus den Vorlesungen an der Uni von Poitier.

Natürlich trübte der Vorfall das Verhältnis zwischen meinem Bruder und mir. Es gab keine gemeinsamen Fahrten im aufgebrochenen blauen Volkswagen mehr.

## Jane Greenwood

Ich traf sie in Paris. Sie war unter den drei Amerikanerinnen, die der Pariser Jean Cartier kennengelernt hatte, als er wie ich im Sommer 1956 bei einem Luzerner Reisebüro arbeitete: er als Limousinen-Chauffeur und ich als Reiseführer. Am Nachmittag vor unserem Zusammentreffen war ich so begeistert von der Art, wie Danny Kaye in *The Court Jester* den Song „Life couldn't better be" so fröhlich und heiter hervorbrachte und dazu tanzte, dass ich im Kino an der Champs Elysées sitzen blieb, um den Film gleich nochmals zu sehen. So war ich noch ganz voll davon und sang immer wieder den Anfang des Liedes „Life couldn't better be", worauf eine der Amerikanerinnen mich etwas genervt fragte, ob ich wirklich nichts anderes mehr im Kopf habe.

Als wir schliesslich in einem damals noch zahlbaren Dancing landeten, zog Jane ihre Schuhe mit hohen Absätzen aus, als sie mit mir tanzte, weil ich kleiner war als sie. Wir kamen uns so immer näher und freuten uns auf ein Wiedersehen am anderen Tag. Als ich aber sehr spät, das heisst am frühen Morgen, in mein billiges Hotel zurückkam, reichte mir der Concierge ein Telegramm. Es war von meiner Mutter. Ich müsse sofort heimkommen. Ich hätte in Zürich einen Lehrer zu vertreten, und zwar in zwei Tagen. Ich war damals Lehramtskandidat.

Darüber waren Jane und ich sehr traurig, als wir wieder zusammen waren. Sie half mir beim Packen, und wir küssten uns mehrmals dabei. Weiter gingen wir nicht. Sie und die zwei anderen Mädchen begleiteten mich zum Gare de l'Est, zum Nachtzug nach Basel. Das ist schon bald siebzig Jahre her. Doch noch immer sehe ich diese Abschiedsszene vor mir, wie wenn es erst gestern gewesen wäre. In meinem *Poly Liederbuch*, auf Seite 203, hat Jane schön säuberlich mit grünem Kugelschreiber ihre Anschrift, ihren Geburtstag und die Bemerkung „Memories of Paris – October 1956" geschrieben. Wie Brecht in seinem Gedicht, „Erinnerung an die Marie A.", kann ich nur mutmassen, was mit Jane geschehen ist.

# Jeannot Stettler

Er rauchte durch einen Zigarettenhalter. Wir lernten uns kennen während des Einführungskurses in den Fliegerbeobachtungs- und Meldedienst, als nur Hilfsdiensttaugliche. Es waren unsere Englischkenntnisse, die uns zusammenbrachten. Wir sassen in einem Schulungsraum und übersetzten Artikel über Waffensysteme aus Militärzeitschriften, waren also an ein paar Nachmittagen dispensiert vom eigentlichen Kurs. Jeannot hatte sogar herausgefunden, dass auf dem Fliegerfunkgerät auch Musik gehört werden konnte.

Als wir in der Verlegung waren, kam Jeannot in die Auswertungszentrale und ich in einen Aussenposten. In den Zeiten, in denen keine Flüge zu melden waren, benützten wir das Feldtelefon für private Gespräche. Nach dem Kurs schrieben wir einander lange Briefe auf farbigem Papier. Jeannot war gelernter Buchhändler und arbeitete bei Paul Haupt in Bern. Die von Hans Rudolf Hilti gegründete Zeitschrift *Hortulus* veröffentlichte ein paar seiner Gedichte. Er wohnte in einer idyllischen Dachwohnung mit herrlich roten Fliesen und vielen Büchern in der Berner Altstadt. Ich verbrachte ein einzigartiges Wochenende mit ihm und seiner zukünftigen Frau. Die Automarke weiss ich nicht mehr, aber er nannte seinen Altwagen Oskar, mit dem wir an den Genfersee fuhren, um die Verwandten zu besuchen, die dort eine private Klinik für Sterbenskranke betrieben.

Es war Jeannot, der mich auf *Statt einer Literaturgeschichte* von Walter Jens aufmerksam machte. Durch Jeannot kam ich auch auf Hermann Broch, über dessen Lyrik und seinen Roman, *Der Tod des Vergil*, ich später Aufsätze schrieb. Auf der Durchreise von der Schweiz nach Schottland besuchten Margaret und ich Jeannot und seine Frau Susi in Gütersloh, wo er bei Sigbert Mohn tätig war. Zwei Jahre später, auf unserer Hochzeitreise, trafen wir Susi und Jeannot in Paris, wo er für Sigbert Mohn nach möglichen Autoren Ausschau hielt. Zusammen besuchten wir Heines Grab auf dem Montmartre-Friedhof. Über dreissig Jahre später ging ich mit meiner Hasselblad ein zweites Mal zum Grab und war überrascht, dass statt dem schmucklosen grossen Steinkubus, den ich in Erinnerung hatte, ein lebensgrosser Heine auf dem Sockel stand. Nur schon wegen Heines Grab möchte ich Jeannot noch einmal sprechen. Doch all mein Suchen im Internet war erfolglos.

Wir sahen ihn ein letztes Mal auf der Redaktion der eben gegründeten Schweizer Boulevard-Zeitung *Blick*, wo die ratternden Teleprinter auf endlosem Papier das Neuste ausspuckten. Ich weiss noch, dass er sich sehr interessierte für H. P. Lovecraft, dessen Bücher damals kaum erhältlich waren. Oh, hätte ich doch seine Briefe aufbewahrt! Das Einzige, was ich noch habe, ist ein Bild von ihm. Die schönste Erinnerung an ihn und

Susi hängt mit James Joyce zusammen. Wir standen im Friedhof Fluntern vor der sehr schlichten Grabplatte, worauf lediglich „James Joyce 1882–1941“ zu lesen war. Da nahm Jeannot den Band mit Ezra Pounds *Cantos*, den ich erst kürzlich gekauft hatte, aus meiner Mappe, schlug ihn irgendwo auf und rezitierte zwei oder drei Dutzend Verse, mehr als Joyce in seinem Leben wohl je gelesen hatte.

Als ich etwa zehn Jahre später wieder auf den Friedhof Fluntern ging, suchte ich vergeblich nach der Grabplatte mit dem Namen James Joyce. Zufälligerweise hatte ein Friedhofsangestellter mich beobachtet. Er kam zu mir und sagte: „Sie suchen bestimmt das Grab von James Joyce. Der hat jetzt oben beim Waldrand ein Ehrengrab.“ Er habe Frau Joyce jeweils gesehen, als sie zum Grab ihres Mannes kam. Man habe sie leider nicht bei oder neben ihrem Mann begraben können. Er sei bei der Umbettung der beiden Leichen beteiligt gewesen. Frau Joyce habe er noch gut erkennen können, weil sie an einem sehr nassen Tag beigesetzt worden war. Joyce sei jedoch „schön verwest“ gewesen. Die nicht von allen geliebte Joyce-Statue von Milton Hebald, die 1966 auf dem Ehrengrab errichtet wurde, ist berühmt geworden durch die Fotografie von Horst Tappe, die er im Januar 1967 aufnahm, als Ezra Pound das Grab besuchte. Ich hatte das Glück, Tappe ein Jahr vor seinem Tod noch kennenzulernen. Er erzählte mir, dass niemand von diesem Friedhofsbesuch gewusst habe. Peter Schifferli vom Arche Verlag habe dafür gesorgt. Ein Bericht darüber kam dann aber doch in der Zeitschrift *Die Woche*, mit Bildern von Tappe und einem Text von Urs Widmer, der gar nicht am Grab dabei war, weil er den Anblick des greisen und verstummten Pound nicht aushalten konnte und nicht mit ihm und dem Fotografen in den Zug nach Zürich gestiegen war.

Was gäb ich drum, wenn ich irgendeine Spur von Jeannot ausfindig machen könnte. In irgendeinem Zivilstandsamt müsste er doch registriert sein. Wenn er etwas Literarisches publiziert hätte, ausser den Gedichten im *Hortulus*, müsste es durch Google auffindbar sein.

## Die Queen

Ich sah sie das erste Mal, mit Prince Philip, 1960 bei ihrem Besuch von King's College in Aberdeen, wo ich Austauschstudent war. Nicht gerade viele Studenten standen Spalier, als das Paar aus dem königlichen Rolls-Royce ausstieg und dem College zuschritt. Ich weiss nicht, ob die Queen es hörte, als ein Witzbold unter den Studenten ziemlich laut „Good morning Queen" rief. Wenn überhaupt, hätte er „Good morning Your Majesty" sagen sollen.

Im selben Jahr war ich beim „Grouse Shooting", der Auerhahn-Jagd, die überall in Grossbritannien am „Glorious Twelfth", dem 12. August, beginnt, Jagdtreiber („grouse beater") in den Hochmooren von Tillypronie, die etwa 12 Meilen vom königlichen Schloss Balmoral gelegen sind. In den Sechziger- und Siebzigerjahren des letzten Jahrhunderts wurden hier jährlich an die zweitausend Auerhähne und -hühner Opfer von Schrottflinten. 1960 war auch der damalige Premierminister, Harold Macmillan, unter den Sportschützen, wie auch der Bräutigam von Prinzessin Margaret, der Fotograf Anthony Armstrong Jones, in der deutschsprachigen Presse Graf Klick genannt, von dem die einheimischen Treiberinnen sagten, er sei ein lausiger Schütze.

Unvergesslich ist für mich der Tag, an dem sogar die Königin auf Tillypronie erschien, nicht etwa als Jägerin, sondern nur als Zuschauerin, samt ihren kurzbeinigen Hunden, den Corgis. Ebenso anwesend waren der jetzige König Charles III., als zwölfjähriger Bub, also neun Jahre bevor er zum Prince of Wales gekürt wurde, und seine zehnjährige Schwester, Anne, die spätere Princess Royal. Statt einer Krone trug die Königin ein Kopftuch, wie es damals auch für adlige Frauen draussen in der Natur Sitte zu sein schien. Der Rock muss aus Royal Tartan gewesen sein. Natürlich hielten sich die Nichtschützen hinter den aus Trockenmauern bestehenden Schiessständen auf, die meistens auf einer Hügelkuppe gebaut waren, sodass die Treiber vom Kugelregen verschont blieben.

Der Höhepunkt kam, als wir Treiber zur Feier des Tages ein Glas Chivas Regal Whisky bekamen, die Königin im Land Rover an uns vorbeifuhr und uns, höflich lächelnd, dankte. In diesen Tagen muss es gewesen sein, dass sie in den Gartenanlagen um Tillypronie House eine Blutbuche gepflanzt hat, die nun, nach über sechzig Jahren, sicher schon eine stattliche Höhe erreicht hat.

## Mein erster Flug

Es war im Oktober 1964. Das Flugzeug der Trans Canadian Airline kam aus Wien, mit stundenlanger Verspätung, sodass wir Gutscheine für eine Zwischenverpflegung bekamen.

Damals starteten die Jets noch mit mehr anfänglichem Schub. Man wurde buchstäblich in den Sitz geschleudert, wenn die Fahrgestellbremsen gelöst wurden. Es war schon Nacht, und es gab erst wieder etwas zu sehen, als wir in Paris zwischenlandeten, und da war wieder der kraftvolle Ruck beim erneuten Start. Wir waren zu müde, und es war auch zu dunkel, um den Flug über den Atlantik zu geniessen. Obwohl unser Ziel Toronto war, landeten wir in Montreal; denn da wurden die Immigrationsformalitäten abgewickelt. Bei den heimkehrenden Kanadiern war es keine grosse Sache. Aber bei den „Landed Immigrants" wie wir sehr wohl. Meine Frau und ich waren deren Letzte, und als wir endlich abgefertigt waren, war von unserem Flugzeug niemand mehr da. Es gab niemand mehr im Terminal, den wir hätten fragen können. Schliesslich fanden wir eine offene Tür zu den Flugzeugen; denn die strengen Sicherheitsmassnahmen lagen damals noch in weiter Ferne. Doch welches ist es? Voller Panik liefen auf eines zu, bei dem ein Servicefahrzeug stand, und rannten die Treppe hoch. Licht gab es im Flieger, aber keine Passagiere. Nur einen Reiniger. Der kam mit uns aus dem Flugzeug hinunter zu seinem Kastenwagen und aktivierte das Funkgerät. Er hiess uns einsteigen, und er brachte uns zu unserem Flugzeug. Die Flugbegleiter waren sicher froh, uns endlich an Bord zu haben, aber sie schienen unsere Panik ganz und gar nicht zu teilen.

Auf dem Flug von Montreal nach Toronto schaute ich immer einmal wieder aus dem Fenster. Doch ich sah jedes Mal das Gleiche. Es muss ein gewaltiger Berg sein, dachte ich. Endlich aber ging es mir auf, dass mein Berg der Flügel des Flugzeugs war.

Trotz der riesigen Verspätung warteten zwei meiner künftigen Kollegen auf uns und brachten uns vom Flughafen zu unserer vorläufigen Unterkunft. Doch es war nicht nur der Jetlag, der mich am Einschlafen hinderte, sondern auch das immer wieder aufheulende Sirenengebrüll der Einsatzfahrzeuge jeder Art, so typisch für Nordamerika.

## Mit dem Greyhound-Bus durch die USA und Kanada

Mit dem See-America-Ticket konnte man 1970 für $100.00 einen Monat lang mit allen Linienbussen, den Greyhound- und den mit Greyhound assoziierten Bussen, durch die USA und Kanada reisen. Ein weiterer Monat kostete nur $30.00. Beim Zusammenzählen der Meilen kam ich auf gut 18.000, also ca. 29.000 km. Die Lautsprecheransagen in den grossen Busbahnhöfen waren lange Litaneien von Ortsnamen wie in gewissen Gedichten von Walt Whitman. Statt in Hotels verbrachte ich manche Nacht in den Bussen. Zum Beispiel zwei Nächte im Bus von New York City nach Miami, von elf Uhr nachts am Samstag bis morgens sechs Uhr am Montag. Schon damals war in gewissen Staaten das Rauchen in den Bussen verboten. Um Kettenraucher – und ich war damals einer – zu befriedigen, machten die Fahrer in solchen Staaten Raucherstopps. Es kam aber vor, dass jemand trotzdem im Bus zu rauchen anfing. Wurde der Fahrer darauf aufmerksam, hielt er den Bus an, ging auf den Sünder zu und stellte ihn vor die Wahl, entweder mit dem Rauchen aufzuhören oder den Bus sofort zu verlassen.

Alle Busse hatten hinten eine Toilette. Natürlich gab es bei den Imbissstuben, an denen Halt gemacht wurde, auch „washrooms", wie man in Amerika sagt. Doch diese Stopps waren zu kurz für heissen Kaffee, weshalb ich mit kalter Milch vorliebnahm. Vornehme Passagiere waren eine Seltenheit. Am meisten fielen mir die vielen alten Leute auf, Grosseltern, meistens fast zahnlos, wohl unterwegs zu ihren Enkeln. Nur wer kein Auto hatte oder sich Flugreisen nicht leisten konnte, fuhr mit dem Bus. Das Fliegen war eben daran, dem Eisenbahnreisen den Garaus zu machen. Als ich in Cheyenne Halt machte, hatte ich gerade noch das Glück, das Passagierrollmaterial der Union Pacific Railroad zu sehen. Im Jahr darauf, 1971, gab es unter dem Namen Amtrak eine Wiedergeburt des Fernverkehrs auf Schienen, allerdings mehr für ausländische Touristen als für Geschäftsreisende; denn stundenlange Verspätungen, weil die Güterzüge Vortritt haben, waren und sind die Regel.

Bevor ich frühmorgens in Chicago im Greyhoundbus die Fahrt westwärts antrat, bestieg ich noch die dortige Hochbahn, und zwar den Zug, der damals immer nur im Loop, im Kreis, herumfuhr. Der Schaffner hatte nichts dagegen, dass ich sitzen blieb und mehrere Runden drehte. Als ich in San Francisco ankam, warteten, wie vereinbart, die zu korrigierenden Prüfungsarbeiten postlagernd auf mich. Den Rest der dortigen Zeit verbrachte ich auf den Spuren der Beat Generation, vor allem im City Lights Buchladen, mit einer Fahrt per Anhalter nach Big Sur und einem Ausflug mit Studenten aus England nach Sausalito, wo mir eine junge Frau spontan eine Fünfzigcentmünze schenkte, mit Präsident Kennedy auf der Kopfseite.

In jenen Jahren waren die American Express Travelers Cheques so gut wie bares Geld. Ich konnte zum Beispiel für sie an irgendeiner Hotelrezeption jederzeit Bargeld bekommen. Allgemein einsetzbare Kreditkarten gab es ja damals noch nicht.

Ganz verblüfft war ich in New Mexiko, als ich sah, dass der Greyhound bei den Carlsbad Caverns, den zum Welterbe gehörenden Tropfsteinhöhlen, anhielt. In seinem Roman *Stiller* beansprucht Max Frisch den Namen von Jim White, dem Entdecker der Höhlen um 1900 herum, für den verschollenen Schweizer Anatol Stiller. Ja, Frisch lässt sogar zwei Jims die Höhlen erkunden, und es bleibt offen, wer von den beiden dabei umgekommen ist.

# Flug nach Nordirland

Im Juni 1966 flog ich von Toronto nach Nordirland. Magee University College in Londonderry hatte mich eingeladen zu einem Interview für die Stelle eines Deutschdozenten. In der Einladung hiess es, dass, wenn mir die Stelle angeboten werde und ich sie nicht annehmen würde, ich die Hälfte der Reisespesen übernehmen müsste. In Grossbritannien wurden damals viele neuen Universitäten gegründet, mit vielen offenen Stellen. Wie viele Bewerbungen ich einreichte, weiss ich nicht mehr. Jedenfalls war nur Magee bereit, den teuren Hin- und Zurückflug über den Atlantik zu bezahlen. Erstaunlicherweise gab es in Magee Leute, die früher in Toronto gewesen waren. Eigentlich hätte ich in Toronto bleiben können. Aber es zog uns zurück nach Europa.

Die Boeing 707 war keineswegs voll. Wer Zeit hatte, überquerte den grossen Teich noch immer per Schiff. Der Start in Toronto war abends, etwa sieben Uhr. In meiner Reihe hatte ich alle drei Sitze für mich, und ich muss gut geschlafen haben. Ich erwachte, als eine Stewardess vorbeikam. Sie zeigte hinüber zu den Fenstern auf der anderen Seite des Flugzeugs. Der Sonnenaufgang! Da die Sitze leer waren, gelangten wir mühelos zu den Fenstern. Erst als die Dias aus dem Labor zurückkamen, sah ich, dass ich genau im richtigen Moment abgedrückt hatte. Ich glaube, die Stewardess war ebenso entzückt wie ich und hätte wohl nichts gegen eine Umarmung oder einen Kuss gehabt.

Als die Boeing 707 in ziemlich steilem Sinkflug Prestwick Airport ansteuerte, wurde es erstmals klar, dass im vorderen Teil einige Kleinkinder waren; denn ein fürchterliches Geheul fing an und wollte nicht mehr aufhören. Der Weiterflug nach Belfast war mit einer 17-plätzigen de Havilland Heron. Ich glaube, es regnete leicht und wir flogen nicht sehr hoch. Und was sah ich da unten? Herrlich, sattgrüne Wiesen! In Toronto gab es Mitte Juni keine Grünflächen mehr, nur noch verbranntes Gras. Hier unter mir lag nun wirklich die Grüne Insel, „the Emerald Isle". Alles, was ich über Irland damals wusste, kam aus dem *Irischen Tagebuch* von Heinrich Böll, dem meistverkauften deutschsprachigen Taschenbuch.

Hätte ich gewusst, dass 1968, in zwei Jahren, in Nordirland die sogenannten Troubles ausbrechen würden, mit, bis 2010, insgesamt etwa dreieinhalbtausend Toten, hätte ich die Stelle wohl nicht angenommen. Freunde und Verwandte rieten uns dann auch, Nordirland so schnell wie möglich zu verlassen. Aber eine gleichwertige Stelle anderswo wäre nicht sogleich zu finden gewesen. Auch darf man nicht vergessen, dass es ursprünglich die Absicht war, friedlich, wie in den USA, für die Bürgerrechte zu demonstrieren. Doch schon die erste Demonstration, in der Duke Street am 5. Oktober 1968, wurde von der R.U.C., der nordirischen Polizei, zusammengeschlagen, weil die Behörden einfach nicht glauben wollten, dass es in Irland Demonstrationen geben könne, hinter denen nicht die Irish Republican Army stehe. Das wurde dann auch wahr und liess auch die militanten Protestanten zu den Waffen greifen. Auch der massive Einsatz der britischen Armee brachte keine Verbesserung der Lage. Im Gegenteil, die Internierung ohne Gerichtsverfahren führte zu Hungerstreiks und zum Märtyrertod.

Wie haben wir das alles ausgehalten, diese Morde, die Bomben, das Geheul der Panzerfahrzeuge, die Sirenen der Feuerwehrautos und der Polizeifahrzeuge? Zum Teil mit Galgenhumor. Zwei Männer begegneten sich auf der Strasse, nachdem sie ein Krachen gehört hatten. Da fragt einer den anderen: „War das eine Bombe?“ „Ja!“, sagte der andere. Und dieser darauf: „Dann ist’s ja gut. Ich meinte, es sei Donner.“

## Schweizerdeutsch

Meine Eltern wuchsen in Winterthur auf. Ich auch. Unsere Mundart ist also die Winterthurer Variante des Zürichdeutschen. Eine meiner Klassenkameradinnen meinte zwar, dass man es meiner Mutter anhöre, dass sowohl ihr Vater als auch ihre Mutter Deutsche waren. Bei der Passkontrolle in Zürich-Kloten sagte der Beamte, nachdem ich zwei–drei Worte Dialekt gesprochen hatte, ja, so rede man in Winterthur. Und das nach über fünfzig Jahren im nicht Deutsch sprechenden Ausland.

Als ich nach zwei Jahren in Schottland an die Universität Zürich zurückkehrte, fragte mich der Professor für englische Linguistik, wo ich so gut Deutsch gelernt habe. Der mit einer Baslerin verheiratete Germanist in Cambridge meinte, dass mein Deutsch nach so vielen Auslandsjahren zum Emigrantendeutsch geworden sein müsse. Dass die Deutschen einen Schweizer immer als solchen erkennen, auch wenn er das in der Schule gelernte Schrift- oder Hochdeutsch spricht, habe ich zur Genüge erfahren. Die Deutschlehrer in Nordirland waren entsetzt, als sie vernahmen, dass man mich, den Schweizer, angestellt hatte, die mündlichen Prüfungen abzunehmen. Die armen Prüflinge würden meine Fragen ja gar nicht verstehen. Natürlich hätten sie meine Winterthurer Mundart nicht verstanden. Selbst Deutsche tun sich schwer damit. Früher, noch in meiner Jugendzeit, waren die Schweizer höflicher und schalteten auf Hochdeutsch um, wenn sie mit Deutschen sprachen. Wer aber in der deutschsprachigen Schweiz in einen Laden ging und Hochdeutsch sprach, wurde sofort schlechter bedient, weil angenommen wurde, dass man es mit einer oder einem arroganten Deutschen zu tun habe. Erst als feststand, dass die Kundin oder der Kunde aus England oder Amerika war, kam die Höflichkeit zurück.

Als in 3sat, dem deutschen, österreichischen und schweizerischen Kulturfernsehkanal, das Magazin „Bilder aus der Schweiz" eingeführt wurde, beschlossen die Schweizer, das Schweizerdeutschgesprochene entweder mit Untertiteln oder mit Voiceovers zu versehen. Wenn aber die Deutschen einen oberbayerischen Bauern interviewten, fanden sie es nicht nötig, Untertitel oder Voiceovers zur Verfügung zu stellen. Offenbar wollten sie ihre oberbayerischen Mitbürger durch den Gebrauch solcher Hilfsmittel nicht verärgern.

In der deutschsprachigen Schweiz, sagt der Linguist, herrsche „mediale Diglossie", also Zweisprachigkeit, die vom Medium abhängig ist. Wenn die Deutschschweizer miteinander reden, verwenden sie ihre Mundart, wenn sie schreiben, die in der Schule gelernte Schriftsprache, die allerdings gelegentlich von dem im *Duden* festgelegten Standarddeutsch abweicht. Nur sehr wenige Schweizer Schriftsteller schreiben im Dialekt. Der Grossteil bemüht sich, „richtiges Deutsch" zu schreiben. Die Abweichungen, die Helvetismen, sind im Duden als solche gekennzeichnet.

Mein Englisch, sagt man mir, sei nicht das hochsprachliche Oxford-Englisch. Es habe etwas Schottisches an sich, was nach über sechzig Ehejahren mit einer Schottin nicht erstaunlich ist. Wenn ich hier in Londonderry mit mir unbekannten Leuten auf der Strasse ins Gespräch gerate, kommt schon bald die Feststellung: „But you are not from here?" Das verdriesst mich nach all den Jahren, die ich hier verbracht habe. Früher habe ich gesagt, ich sei aus der Schweiz, worauf sie sagten, ja, man höre es, wie wenn sie gewusst hätten, wie ein Schweizer Englisch spricht. Jetzt sage ich nur noch; dass ich schon lange hier wohne. Einmal habe ich drei Tonaufnahmen gemacht. Ich sprach das gleiche, zuerst auf Englisch, dann auf Hochdeutsch und schliesslich in meinem Winterthurer Dialekt. Beim Anhören der Aufnahmen, fragte ich mich jedes Mal: Bin ich das wirklich? Und was war meine Antwort? Ganz ohne Zweifel, wenn ich Mundart spreche. Ja, das bin ich, das kommt noch immer aus meinem Innern, aus dem Jahrzehnte lang nicht gebrauchte Wörter plötzlich wieder auftauchen.

Bis jetzt habe ich verschwiegen, dass ich seit fast dreissig Jahren beinahe jeden Tag Sendungen des SRF, des Schweizer Radios und Fernsehens höre oder sehe. Mein Deutsch und mein Schweizerdeutsch sind also nicht unterernährt.

## Google als Gedächtnisstütze

Hiermit erkläre ich mich schuldig, meinem Gedächtnis durch Google nachgeholfen zu haben. Folgendes Beispiel möge Klarheit schaffen. Per E-Mail erhielt ich eine D. H. Lawrence-Bibliografie. Da erinnerte ich mich, dass ich *Lady Chatterley's Lover* insgeheim während einer Studienwoche auf einem wundervollen schottischen Landsitz gelesen hatte. Aber wie hiess er? So ein kurzer Name! Burn? Ja, The Burn. Auf Google Maps finde ich die Bestätigung: The Burn, Brechin, Schottland. Auf Google Images dann das tolle Landhaus, gross und in Farbe. Es ist immer noch Austragungsort von Studienwochen. Und wann war das? Ich studierte in Schottland von 1959 bis 1961. Mein Aufenthalt in The Burn war im Januar 1960. Da Penguin Books erst am 2. November 1960 freigesprochen wurde, muss ich wohl eine ausserhalb von Grossbritannien gedruckte Ausgabe gelesen haben. Leider weiss ich nicht mehr, wie sie in meine Hände geriet. Beim jetzigen Wiederlesen auf meinem Kindle beeindruckte mich Lawrence ebenso sehr wegen seinem Bedauern über die Verschandelung der englischen Midlands durch die Industrialisierung, als wegen seiner freizügigen Darstellung der Sexualität.

Google und die anderen Suchmaschinen machen allen Nachschlagewerken mehr und mehr den Garaus. *Der Grosse Brockhaus, Meyers Konversationslexikon* usw. werden jetzt günstig abgegeben, nicht zuletzt diejenigen, die in Fraktur gedruckt sind; denn die jüngeren Semester wollen oder können solch Gedrucktes gar nicht mehr lesen. Schüler in der Schweiz hatten früher den *Pestalozzi-Kalender*, und ich kaufte mir jedes Jahr *Whitaker's Almanack* und, als es noch billiger war, das *Who's Who*. Natürlich ist nicht alles richtig, was man in der Wikipedia findet, und die meisten Kindle-Texte sind alles andere als fehlerfrei. Und doch ist es herrlich, dass man alles, was man wissen möchte, auf dem Handy hervorzaubern kann.

„Ich schreibe jetzt keine Briefe mehr", hörte ich eine Schriftstellerin in 3sat sagen. Nur schon der Wegfall des Portos spricht für das Verschicken von E-Mails. Ein Dichter, der mit aller Welt korrespondierte wie Ezra Pound, gab mehr für die Portos aus als für alles andere. Auch der Gang zum Briefkasten oder Postamt entfällt, und selbstverständlich auch, falls der E-Mail-Empfänger nicht schreibfaul ist, das Warten auf Antwort. Der E-Mail-Schreiber, der seine E-Mail-„Briefe" der Nachwelt überlasen will, muss allerdings darauf achten, dass sie nicht gelöscht werden oder sonst wie verloren gehen.

# Unser erstes Auto

Als meine Frau an verschiedenen Schulen Hilfslehrerin war und ich mich dank eines Stipendiums vollzeitig auf meinen Studienabschluss vorbereiten konnte, erwogen wir die Anschaffung eines Autos. Das würde ihre Wege von Schule zu Schule müheloser machen. Eine günstige Occasion, wie man in der Schweiz einem Gebrauchtwagen sagt, sollte es sein. Hinter dem Winterthurer Bahnhof gab es einen offenen Platz, auf dem ein sogenannter Autohändler seine Altwagen anbot. Wie viel wir für den Hillman Hunter bezahlten, weiss ich nicht mehr.

Mein Studienkollege Joseph war als Berater beim Kauf dabei. Er war es auch, der sich ans Steuer setzte und mit uns Richtung Zürich losfuhr. Aber schon bald merkte Joseph, dass bei diesem Auto allerlei nicht stimmte. Mit Ach und Krach kamen wir in eine Garage in Zürich Wipkingen, wo die Garagisten nur den Kopf schüttelten. Statt einem Kostenvoranschlag für die Reparatur boten sie uns eine der ihren Occasionen an. Die Zahlen habe ich vergessen. Jedenfalls mussten wir einen Abzahlungsvertrag abschliessen. Es war ein Volkswagen mit Kalahari-Farbton. Einmal fuhren wir mit ihm aus der Schweiz nach Aberdeen in Schottland, und zurück. Sehr früh fuhren wir in Zürich ab, um in Calais so um drei oder vier Uhr die Fähre nach England zu erreichen. Plötzlich, nach vielen zügig durchfahrenen

Kilometern, fing der Motor an zu stottern, bis der VW fast zum Stillstand kam, aber dann plötzlich wieder volle Fahrt aufnahm. In diesen VWs gibt es neben dem Gaspedal einen Hebel, mit dem man zum Reservetank umstellen kann. Nach wahrscheinlich mehr als einem halben Dutzend Motorgestotter betätigte ich den Reservetankhahn, und siehe da, das Stottern kam nicht mehr zurück, und wir kamen rechtzeitig in Calais an.

Es war die Zeit der galoppierenden Motorisierung. Auch Lehrer und Professoren machten die Fahrprüfung und schafften sich ein Auto an. So auch der Linguistik-Professor Ernst Leisi, der in der Prüfung gefragt wurde, was er machen würde, wenn er an einem Unfall vorbeikäme. „Ja, anhalten und helfen", sagte Leisi. „Nein", sagte der Experte, „den Motor abstellen."

Irgendjemand hatte es dem Verantwortlichen für die Stipendien hinterbracht, dass ich ein Auto hätte; denn er konfrontierte mich damit. Ich war nicht schlagfertig genug zu sagen, dass es das Auto meiner Frau sei. Klar war, dass er mein Stipendium nicht gewährt hätte, wenn er vom Auto gewusst hätte. Autofahren lernte ich erst in Kanada, gut vier Jahre später. Bei der Fahrprüfung in Toronto, die nicht auf den öffentlichen Strassen, sondern auf einem speziellen Testgelände stattfand, musste ich am Schluss noch parallel parken. Da es mir erstaunlicherweise perfekt gelang, fragte mich der Prüfende, wer mein Fahrlehrer gewesen sei. Als ich sagte, dass es meine Frau gewesen sei, war er sprachlos.

## Das Weidenröschen

Das seien *willow herbs*, sagte die Engländerin in unserer Reisegruppe auf der Transsibirischen Eisenbahn. Weil der Zug auf offener Strecke immer wieder einmal anhielt, konnte man sie in Ruhe betrachten, oder sogar aussteigen und pflücken, wie andere Blumen auch. Am Baikalsee soll es ganze Felder mit Weidenröschen geben. In Alaska nennt man sie *fireweeds*. Und zu Recht; denn nach einem Waldbrand ist das *fireweed* die erste Pflanze, die aus dem verkohlten Boden spriesst. Das Feuer hat seinem Rhizom, seinem Wurzelwerk, nichts anhaben können. Es übernimmt die Rolle einer Pionierpflanze, die für alle Büsche und Bäume den Boden bereitet und dann selbst verschwindet. Für die weiträumige Verbreitung der bis zu 80.000 Samen pro Pflanze sorgen ihre fallschirmartigen Anhängsel. Dazu kommt, dass Brandhitze das Keimen beschleunigt. Daher eben der Name *fireweed*.

Da Präsident Eisenhower den Wunsch geäussert hatte, den Baikalsee zu besuchen, liess Nikita Chruschtschow extra eine 60 km lange Strasse von Irkutsk zum am See gelegenen Dorf Listvyanka bauen. Wegen der Eskalation des Kalten Krieges 1960 durch die U-2-Spionage-Affaire kam der Besuch jedoch nie zustande. Aber 1979 kam diese Strasse unserer Reisegruppe sehr zugute. An das Limnologische Institut mit den elf Aquarien habe ich nur vage Erinnerungen. Doch das

Dorf, im damaligen Zustand, werde ich nie vergessen. Es war Mittagszeit, und kein Mensch war zu sehen. Nur ein paar Ziegen tummelten sich auf den schmalen Wegen zwischen den Holzhäusern. Sie waren alle hellblau angestrichen. Die Tür- und Fensterrahmen waren weiss, wie auch die Verzierungen am Dachrand, worunter einzelne Schwalben zu sehen waren. Schaut man sich heute im Internet die Bilder von Listvyanka an, meint man, man sei in Amerika: Aus dem Dorf ist ein Museum aus unbemalten Blockhütten geworden, und längs der Hauptstrasse reihen sich Souvenir- und Imbissbuden, und an Autos fehlt es auch nicht.

Weniger schlimm ist diese Entwicklung in Alaska, wo bis jetzt weniger Touristen im Landesinnern herumreisen, da die Mehrheit die meiste Zeit auf Kreuzfahrtschiffen verbringt. Wer mit dem Auto von Anchorage nach Dawson City unterwegs ist, sieht ausserhalb der Agglomeration von Anchorage pro Stunde kaum mehr als zwei oder drei entgegenkommende Fahrzeuge. Dieser 49. Staat der USA ist für manche die letzte Wildnis auf unserer Erde, aber auch nicht mehr lange, wenn der Abbau der Bodenschätze noch mehr vorangetrieben wird. Kanadas Yukon und Northwest Territories sind, seit der Goldrausch ausgeschlafen ist, noch unberührter. Ich habe davon eine Karte, auf der nichts als die Flüsse eingezeichnet sind.

## Wie wir auf unsere Hunde kamen

Als wir das noch immer von Martin und mir bewohnte Haus gekauft hatten, und ich einen Taubenschlag gebaut hatte, dachten wir, dass wir auch noch Platz hätten für einen Hund. Margaret, meine 2022 verstorbene Frau, begann, die Kleinanzeigen im *Belfast Telegraph* zu durchkämmen, in denen Welpen, also junge Hunde, zum Verkauf angeboten wurden. Ihre Wahl fiel auf den Irish Wolfhound, der mir völlig unbekannt war. Mir selbst imponierte vor allem der Pyrenean Mountain Dog, den ich auch nicht kannte, aber etwas von einem Bernhardiner hatte. Jedenfalls meldeten wir uns bei den Züchtern und vereinbarten Termine. Margaret war sofort Feuer und Flamme, als sie die Wolfhounds sah. Leider waren die Welpen zum Mitnehmen noch zu jung, aber sie war bereit zu warten. Ich aber fand, dass wir trotzdem noch zur Mountain Dog-Züchterin fahren sollten. Sie hatte nur noch einen Welpen, aber der war alt genug zum Mitnehmen. Er war so „cuddly", so anziehend und so drollig. Den wollte ich, und nach einigem Drängen meinerseits schien Margaret einverstanden, dass wir ihn kaufen sollten. Doch auf der Heimfahrt bereute sie ihre Einwilligung und war sehr verstimmt und betrübt.

Allmählich hatte Margaret aber doch Freude am schnell wachsenden fast ganz weissen Hund, den wir Dougal nannten, nach dem Hund in einer Kinder-TV-

Serie. Ein paar Monate später sah ich in der Zoohandlung, bei der ich Futter und Zubehör für die Tauben kaufte, einen Anschlag, auf dem ein Wolfhound-Welpe zum Verkauf angeboten wurde. Sofort fiel es mir ein, dass hier meine Chance war, mit dem Kauf dieses Hundes Margarets eigentlichen Wunsch doch noch zu erfüllen. Wir gaben ihm den Namen Oisin, gesprochen Oschin, nach dem grössten Dichter im legendären Irland. Dougal und Osin gewöhnten sich erstaunlich schnell aneinander und wurden echte Hausgenossen. Wenn wir nachts spät heimkehrten, fingen sie schon an zu bellen, bevor wir die Haustür erreichten. In welchem Zimmer wir auch waren, sie gesellten sich zu uns und legten sich ruhig hin, sogar im Ess- oder Schlafzimmer. Bevor sich Dougal neben meinem Bett schlafen legte, scharrte er eine Zeit lang auf dem Holzboden, offenbar unnötig dem Eingrabungsinstinkt gehorchend. Mussten die Hunde nachts raus, kratzten sie unüberhörbar an der Schlafzimmertür. Sie waren wirklich stubenrein.

Als wir uns im Sommer 1973 mit Freunden und den zwei Hunden auf einem herrlichen Sandstrand in County Cork sonnten, fiel mir auf, dass eine Frau ständig zu uns herüberblickte. Schliesslich stand sie auf und kam auf uns zu. Ihr Pyrenean Mountain Dog sei vor Kurzem gestorben, sagte sie. Unser Pyrenäer habe sie schmerzlich an den Ihren erinnert. Es sei leicht, die Empfindsamkeit dieser Rasse zu unterschätzen, fuhr sie fort und bat uns, dies zu beachten. Später kam sie nochmals zu uns und gab mir die lange Lederleine ihres toten Lieblings. Diese hängt noch immer an einem Haken in unserer Küche, aber auch unser Pyrenäer ist schon lange tot.

Grosse Hunde haben ein kürzeres Leben als kleine. Oisin starb zuerst. Er überstand die zweite Lungenoperation nicht. Das Traurigste für mich ist, dass ich nicht weiss, wo sein Kadaver hingekommen ist. Die anderen Drei habe ich in unserem Garten begraben.

Fin, den zweiten Wolfhound, übernahmen wir von einem Paar, das gerade ein Kind bekommen hatte. Bei seiner ersten Begegnung mit Dougal knurrte Fin. Ihr Verhältnis blieb ohne Zank, aber immer etwas angespannt. Mit dem Tod von Dougal und dem Erwerb von Ben dem Bernhardiner, war das friedliche Zusammenleben von Tier und Mensch zu Ende. Wenn Ben ins Haus kam, legte er sich niemals hin, sondern bedrängte jeden von uns mit den Pfoten und wollte gestreichelt sein. Darum liessen wir ihn gar nicht mehr ins Haus. Als Margaret ihn erstmals sah, war Ben noch so klein wie seinerzeit Dougal, als wir ihn kauften. Weil Ben bei der ersten Begegnung mit ihr so munter auf sie zu rannte, war es Liebe auf den ersten Blick, der dann leider die Ernüchterung folgte.

Wir verbrachten insgesamt etwa zwanzig Hundejahre. Ich wurde stadtbekannt als „the man with the big dogs“. Auch nachdem unsere Hunde schon lange nicht mehr lebten, fragte mich ein Mann, der mir entgegenkam: „How's the dogs?“ (Wie geht's den Hunden?)

## Halten Sie uns in guter Erinnerung

Im Sommer 1981 waren wir auf einer geführten Bahnreise in der DDR. Wir trafen sehr spät in Saalfeld ein, sehr spät für das Abendbrot, natürlich ein kaltes. Dazu trank ich ein Bier. Ich wachte viel zu früh auf, mit einer fürchterlichen Migräne. Ich musste mich erbrechen, und ich konnte beim Frühstück weder essen noch trinken. Saalfeld war auf dem Programm wegen des Einsatzwerks der Dampfloks, die damals noch auf vielen Strecken der DDR verkehrten. Auf dem Weg dorthin sagte der Saalfelder Führer, als ich meine Migräne erwähnte, sie hätten einen Sanitätsposten, und ich könne mich dort hinlegen, während die Gruppe das Werk besichtige.

Als ich dort eintrat, bot man mir nicht einfach eine Liegegelegenheit an, sondern man wollte mich untersuchen. Der Untersuchende war, wie er mir bekannte, ein Lokführer, der auf dem zweiten Bildungsweg Medizin studierte. Der Stolz dieses Sanitätspostens war ein handliches EKG-Gerät, und der Medizinstudent schloss mich daran an. Das Resultat kam auf einem schmalen Papierstreifen heraus. Und mein Arzt in spe war nicht zufrieden damit. Er zog den gestandenen Arzt im anderen Teil der Baracke zurate. Auch er schüttelte den Kopf und meinte: „Er schwitzt auch so komisch." „Er"! Ich wurde schon nicht mehr direkt angeredet. Ich war nur noch ein medizinischer Fall. Man liess einen Krankenwagen kommen und informierte meine Frau und meinen Sohn. Was man ihnen sagte, weiss ich nicht, aber sie sahen mich äusserst besorgt an, als ich auf einem Rollstuhl zum Wagen gebracht wurde. Mitfahren konnten sie nicht, da er zu klein war. Nur der junge Noch-nicht-Arzt hatte Platz.

Die Fahrt war zum Glück nicht lange in dieser Rumpelkiste. Es war ein heisser Sommertag. Das Krankenhaus lag aber im Grünen. Es kam mir vor wie ein stattliches altes Schulhaus, mit Terrazzo-Treppen und -Böden. Ich fühlte mich wie der Jungsoldat in Heinrich Bölls Kurzgeschichte betitelt „Wanderer, kommst du nach Spa …“, der kriegsverwundet in sein zum Lazarett umgewandeltes Schulzimmer zurückgebracht wird, wo an der Wandtafel noch das von ihm nicht fertig geschriebene, Epigramm von Simonides in Schillers Übersetzung steht:

> Wanderer, kommst du nach Sparta, verkündige dorten, du habest
> Uns liegen gesehen, wie das Gesetz uns befahl.

Ich erinnere mich nicht, ob es im Gebäude einen Aufzug gab. Jedenfalls war da plötzlich ein Mann im weissen Mantel, der einen flüchtigen Blick auf den Streifen aus dem EKG-Gerät warf und den Kopf schüttelte. „Nein“, sagte er, „da ist kein Befund. Kommen Sie, ich zeig’ es Ihnen auf unserem Gerät.“ Ich musste mich auf den Schragen legen, und die Kontakte wurden angebracht. Mit erstaunlicher Geduld erklärte der Kardiologe meinem Betreuer, vorauf es ankommt beim Lesen eines Kardiogramms. Als ich aufstehen und wieder auf meinen Füssen stehen durfte, war da noch die Rechnung. Er gehe gleich zur Verwaltung, sagte der Kardiologe. Sehr bald kam er zurück und sagte: „Halten Sie uns in guter Erinnerung."

Mit dem Krankenwagen wurde ich zum Bahnhof gebracht, aber meine Reisegruppe war noch immer bei den Dampfloks. Schliesslich fand ich einen Sitzplatz in einer Unterführung, wo meine Migräne allmählich verschwand. Plötzlich aber bemerkte ich, dass eine Polizistin sich ganz in der Nähe aufhielt. Erst später kam es mir in den Sinn, dass ich wohl auf Geheiss der Stasi als Ausländer observiert worden war.

Als meine Frau und mein Sohn mich schliesslich gesund in der Bahnhofunterführung fanden, war es fast Zeit für den Zug zur Ausreise nach München. Wir hatten noch ein wenig Ostgeld, und im Kiosk schaute ich auf die Auslage. Eine der beiden Verkäuferinnen merkte, was ich vorhatte. „Sagen Sie uns doch einfach, was Sie möchten." Ich zeigte auf ein infrage kommendes Produkt und hielt ihr das Ostgeld hin. Es fehlten ein paar Pfennige. Das mache nichts, sagte sie und gab es mir. Als ich auf der Durchreise in Köln war und mein letztes Westgeld loswerden wollte und ein kleines Fläschchen Kölnischwasser in die Hand nahm, aber fünf Pfennige zu wenig hatte, war die westdeutsche Verkäuferin nicht bereit, auf die fehlenden fünf

Pfennige zu verzichten. Gutmütige, zuvorkommende Menschen findet man dort, wo man sie am wenigsten erwartet.

## Renate und Erich

Ihren Vornamen habe ich vergessen, und es lebt niemand mehr, den ich danach fragen könnte. Es muss in den frühen 1920er Jahren gewesen sein, als meine Mutter sie an einem Ort am Untersee, Mannenbach wahrscheinlich, kennenlernte. Sie waren wohl beide Dienst- oder Kindermädchen. Wie oft sie noch miteinander Kontakt hatten, weiss ich nicht. Jedenfalls kam sie nach 1945 mit ihrem Mann, Georg Durstewitz, zu uns auf Besuch in Oberwinterthur. Ein Missgeschick bleibt mir in Erinnerung. Georgs Frau half beim Abwaschen. Als sie das Geschirr von der Küche in die Stube trug, rutschte sie auf einer Matte aus, und unser bestes Tafelservice ging in Brüche, was aber keineswegs das Ende der Freundschaft war.

Auch kam Renate, die Tochter, zu uns, mit Günther, ihrem Verlobten. Es wurde aber nichts daraus. Erst Ende der 1960er Jahre heiratete sie Erich Ricken, den Bergwerksdirektor in Bochum. Sie lernten sich näher kennen, als Renate bei einem Zechenbesuch Platzangst bekam und Erich sich ihrer annahm.

Da ich einen Besuch in einem Bergwerk verlockend fand, bat ich Renate, ihren Mann zu fragen, ob dies in seiner Zeche möglich sei. Das war 1978. Heute gibt es in Deutschland keinen Steinkohleabbau mehr, weder im Tagebau noch unter Tage. Im Badezimmer des Direktors wurde ich völlig umgekleidet und bekam einen

Helm und eine Lampe. Zwei Kaderleute, Erichs Referent und ein Ingenieur, begleiteten mich. Ausser meiner Betreuung hatten sie noch weitere Aufträge. Wie weit wir mit dem Aufzugsgetriebe in die Tiefe fuhren, weiss ich nicht mehr. Nun kam aber der Einstieg in den sehr steilen Stollen, wo die Kohle aus dem Fels gebrochen wurde. In der bösen alten Zeit musste dies mit Pickel und Schaufel gemacht werden. 1978 besorgte dies ein mechanischer Hobel, und die Kohle wurde gleich auf einem Förderband runtergebracht. Es war eng, steil und heiss in diesem nie enden wollenden Stollen. Also wie geschaffen für Leute, die unter Klaustrophobie leiden. Stattdessen hatte ich am andern Tag einen regelrechten Muskelkater, wie nach einem schnellen Abstieg vom Säntis zur Schwägalp. Der Höhenunterschied war tatsächlich vergleichbar. Es dauerte ziemlich lange, bis ich blitzsauber aus Erichs Badezimmer kam. So gut haben es sonst nur V.I.P.s

Als ledige Frau hatte Renate ihre Ferien in einem einfachen Bauernhaus im Toggenburg verbracht. Als Frau Direktor aber fuhr sie nun mit ihrem Mann nach Bayreuth zum jährlichen Wagner-Festival, und in Südafrika liessen sie sich im Blauen Zug verwöhnen. Erich war auch Jäger und hatte einmal Gelegenheit, einen Hirsch zu erlegen. Er war sehr freundlich zu Martin und zu mir. Sehr geduldig versuchte er, Martins Diktafon zu reparieren. In der Villa Hügel war 1978 gerade die Ausstellung „Götter und Pharaonen“ und Erich schenkte mir den sehr teuren Katalog. Renate sagte jedoch, dass Erich für Ausstellungen keine Musse habe.

Eines Tages kam, wann genau, weiss ich nicht mehr, weil ich sie entsorgt haben muss, eine Todesanzeige. Sie war für beide. Die Todesart war nicht angegeben, und wir erfuhren nie etwas Weiteres. Renates Eltern lebten nicht mehr. Auch meine Mutter nicht.

Als wir 1995, vor der IVG, der Internationalen Germanisten-Tagung in Vancouver, von Fairbanks mit dem Zug nach Anchorage, mit dem Bus nach Seward und dann mit dem Kreuzfahrtschiff nach Vancouver fuhren, kam ich mit einem Deutschen ins Gespräch. Als er sagte, er komme aus Bochum, fragte ich ihn, ob er zufällig von Erich Ricken gehört habe. Ja, von dem habe er auch ein Gewehr gehabt. Er sei ein solcher Waffennarr gewesen. Der habe sich, sagte er, mit Liegenschaften schwer verspekuliert. Ich kann mir nicht erklären, weshalb wir nicht vom gemeinsamen Tod des Paares gesprochen haben.

*Eine* Erinnerung an Erich Ricken (1921–1984) aber habe ich im Internet gefunden: eine ornamentale Glasschale, die ihm, als Repräsentant der Ruhrkohle AG, bei seiner Pensionierung 1981 vom NCB, dem British National Coal Board überreicht wurde und im Deutschen Bergbau-Museum in Bochum aufbewahrt wird.

## Ulfert Ricklefs (1934–2018)

Leider kommt mein Versuch, wieder mit ihm Kontakt aufzunehmen, zu spät. Ich hatte ihn in Erlangen kennengelernt. Unsere Uni in Ulster hatte einen Austausch mit der dortigen Universität, und zwar mit den Anglisten. Ricklefs war aber Germanist. Wie wir uns trotzdem begegneten, weiss ich nicht mehr. Jedenfalls machte er mit mir in seinem Auto Ausflüge, einmal zur Veste Coburg, wo Luther, wie auf der Wartburg, den Teufel mit Tinte bewarf, und ein anderes Mal nach Bamberg. Einmal zeigte er mir auch in seinem Haus sein Bücherzimmer. Fast alle Regale waren schon doppelt belegt. Erst jetzt weiss ich, dass er seine Büchersammlung der Universität vermacht hat, dass also die Bibliothek der Friedrich-Alexander-Universität Erlangen durch die Ricklefs-Stiftung sehr bereichert worden ist … Als wir in einem Antiquariat waren, hörte ich ihn sagen, dass er hoch verschuldet sei. Hoffentlich hatte seine Familie nicht unter seiner Sammelwut leiden müssen.

Am meisten widmete sich Ricklefs den Schriften des Romantikers Achim von Arnim. Arnims Handschriften waren alle in der Sütterlinschrift und so zahlreich, dass Ricklefs hoffte, er könne ein zwei junge Germanisten dazu bewegen, das Entziffern dieser Handschrift zu erlernen. Doch er fand niemanden, der durchhielt und Sütterlin-Leser wurde. Einen Mitherausgeber traf ich zufällig 1976 im Kellerrestaurant vom Hotel Elefant in Weimar. Das war Hermann Weiss, der zur gleichen Zeit wie ich in Aberdeen Austauschstudent gewesen war. Er habe mich sofort wieder an meiner Stimme erkannt, sagte er, bevor er mein Gesicht gesehen habe. Dabei waren es sechzehn Jahre seit der Zeit in Aberdeen!

In welchem Jahr Ulfert Ricklefs nach Nordirland kam, weiss ich nicht mehr. Weil er wusste, dass ich im Zusammenhang mit einer computergenerierten Konkordanz von Goethes *Faust* vor allem an den Reimen interessiert war, brachte er mir als Gastgeschenk eine zu einem Buch gebundene Xerox-Kopie der Reime. Als er in meinem Studierzimmer die vielen Pound-Bücher sah, sagte er: „Ah, Sie sind Doppelwissenschaftler!"

Bei einem meiner Besuche in Erlangen traf ich sogar einen Poundianer: Michael Reck. Er war zu meinem eher spärlich besuchten Vortrag über „Shakespeare and the English" gekommen. Nachher kam er auf mich zu und sagte, der Vortrag habe ihm gefallen, aber er habe das Gefühl, die deutschen Hörer hätten ihn zu frivol gefunden. Ich hatte auch von Roy Plomley und der *Desert Island Disc*-Radiosendung gesprochen, wo jeder Ausgesetzte die Bibel und Shakespeare mitnehmen darf, und auch vom leeren Grab in der Trinity Church, von dem Washington Irving berichtete.

Am meisten Kontakt unter den Erlangern hatten wir mit Klaus Wilpert, der zuerst bei uns Deutschlektor war und später den Austausch von Video-Bändern zwischen uns und Erlangen betreute. In welchem Sommer er mit seinem Sohn bei uns vorbeikam, weiss ich nicht mehr, aber geblieben ist mir seine Bemerkung: „Auf die nächsten dreissig Jahre können wir uns nicht mehr verlassen.“

## Walter Bauer (1904–1976)

Er war gerade sechzig, als ich ihn kennenlernte. Sein kleines Büro in der Deutschabteilung des University College in Toronto war im Erdgeschoss, hinter der Treppe, und jeden Morgen, wenn ich in diesen altehrwürdigen Teil des Colleges kam, sass er schon dort und war zu einem Gespräch bereit. Eben war, zu seinem 60. Geburtstag, der Band mit dem Titel *Der Weg zählt, nicht die Herberge: Prosa und Gedichte 1928–1964* erschienen. Seine Bibliografie umfasst über 60 Bücher.

Als er erfuhr, dass ich meine Doktorarbeit über Ezra Pound geschrieben hatte, zeigte er mir sein Lieblings-Pound-Zitat:

What thou lovest well remains<br>
the rest is dross<br>
What thou lov'st well shall not to be reft from thee<br>
What thou lov'st well is thy true heritage (81/541)

Er wuchs auf in Merseburg, in ärmlichen Verhältnissen. Sein Vater war Fuhrmann. Obwohl Bauer ihn fördernde Lehrer hatte und einen Volksschullehrerabschluss, wurde er nie sesshaft als Lehrer. Bevor er zu publizieren begann, vagabundierte er mit einem Freund in Europa herum. *Stimme aus dem Leunawerk* (1930), ein lyrischer Einblick in das Leben und Denken der Werksarbeiter, machte ihn schlagartig bekannt und wurde von Kurt Tucholsky, Stefan Zweig und Franz Werfel sehr gelobt. Nach der Machtergreifung wurden Bauers zuvor erschienene Bücher verboten. Von 1940 bis 1946 war er Soldat in Frankreich, Russland, Griechenland und Italien. Darauf folgte die Kriegsgefangenschaft in Italien und Österreich. Da er im Nachkriegsdeutschland nicht heimisch werden konnte, entschloss er sich 1952 zur Auswanderung nach Kanada, wo er zuerst seinen Unterhalt mit Tellerwaschen und ähnlichen Jobs verdiente. Dann aber erwarb er sich an der Universität Toronto akademische Qualifikationen. Ab 1959 war er Dozent für Deutsch am University College in Toronto.1967 wurde er Associate Professor.

Während meinen zwei Jahren in Toronto (1964–1966) las uns Walter Bauer an einigen Abenden im kleinen Kreis vor. Ich erinnere mich noch gut an seine Erzählungen aus seiner Jugendzeit. Seine Stimme war packend, und ich glaube, sie jetzt noch zu hören. Literatur-historisch bekannt war Merseburg schon immer wegen der Zaubersprüche. Jetzt aber rühmt sich Merseburg als Geburtsstadt von Walter Bauer und hat die Stadtbibliothek nach ihm benannt. Auch werden alle zwei Jahre der Walter Bauer-Literaturpreis und ein Stipendium vergeben.

# Meine Mutter

Sie ist 1897 in Winterthur geboren, aber ihre Eltern waren beide aus Deutschland. Ihr Vater stammte aus dem bayerischen Memmingen und ihre Mutter aus der Gegend von Stuttgart. Joseph Geiger, ihr Vater, war Schlosser und war beteiligt am Bau des ersten Krematoriums im Rosenberg-Friedhof in Winterthur. Nach dem frühen Tod seiner Frau heiratete der Vater meiner Mutter ein zweites Mal. Sie muss eine böse Schwiegermutter gewesen sein. Als ihr Vater im Sterben lag, sagte er zu seiner Tochter, meiner Mutter, es habe dann in der Nachttischschublade noch ein paar Vreneli, also SFr. 20.–Goldstücke. Doch als sie nach ihres Vaters Tod die Schublade öffnete, waren die Vrenelis nicht mehr da.

Als meine Mutter in die Sekundarschule kam, wurde soeben das Schulhaus Heiligberg eingeweiht. Wo ist der Briefbeschwerer aus geschliffenem Glas mit dem Farbbild dieses Schulhauses, wohl hingekommen, den ich in der Stube oft in die Hand nahm und bewunderte? Ich habe leider meine Mutter nie gefragt, wie es als Schülerin in diesem hoch über der Stadt gelegenen Schulhaus gewesen sei. Ihr Vater, mein Grossvater, war unter den Ersten, die im Rosenberg kremiert wurden. Ich erinnere mich, dass unsere Mutter uns einmal ans Grab unseres Grossvaters mitnahm.

Wo meine Mutter als Kindermädchen überall gewesen ist, weiss ich nicht. Einmal, so erzählte sie uns, war sie im Roten Schloss in Zürich bei einer jüdischen Familie. Während der Spanischen Grippe 1918–1920, war sie als Pflegerin tätig; aber davon hat sie nie gesprochen. Im Zweiten Weltkrieg war sie an unserer Strasse Luftschutzwärterin. Besonders wichtig war die Entrümpelung auf dem Dachboden. Die Phosphor- oder Brandbomben sollten auf den Dachböden so wenig wie möglich auf brennbares Material stossen. Für eine erste Bekämpfung mussten auf jedem Estrich, wie man in der Schweiz dem Dachboden sagt, ein mit Wasser gefüllter Eimer und ein mit Sacktuch umhüllter Besen bereitstehen. Ob auch eine Kiste mit Sand und eine Schaufel dazu gehörte, weiss ich nicht mehr. Auf dem nahen Schulhausplatz sah ich einmal, wie die freiwillige Feuerwehr das Löschen von Phosphor übte.

Unsere Mutter übernahm auch einige Male im Sommer das Verschicken von Gemüse an die Ferienkolonien. Die Eltern der Kinder, oder sonst spendierfreudige Leute, brachten jederlei Produkte aus ihren Gärten zu uns, wo sie in unserer Waschküche in spezielle Körbe verpackt wurden. Mit dem Leiterwagen brachten wir die Körbe in den Güterschuppen bei der Station Grüze. Diese Art von Fracht befördert die SBB heute nicht mehr, und solche Gemüsespenden gibt es wohl auch nicht mehr.

# Der grüne Kachelofen

In unserer Stube war ein grüner Kachelofen. Man heizte ihn aus der Küche, und zwar mit Holz, das noch nicht gesägt und noch nicht gespalten klafterweise mit Ross und Wagen herbeigebracht und auf der Strasse abgeladen wurde. Nun mussten wir es von der Strasse hinters Haus tragen, wo der Vater die meterlangen Stücke auf den Sägebock legte und mit der Brennholzsäge in die ofengerechte Länge von 33 cm zersägte. Darauf kam das Beil zum Einsatz. Das zu spaltende Holz stellte er auf den Scheitstock und zerstückelte es mit zielsicheren Schlägen. Das Sägen und Holzspalten war natürlich weitherum zu hören, wie das Teppichklopfen am frühen Morgen.

Die Mieter im ersten Stock unseres Hauses hatten eine kohleverbrennende Etagenheizung einbauen lassen. Ihre Kohle lagerte im Keller, während unser Holz schön säuberlich aufgeschichtet hinter dem Haus unter einem Vordach lag. Wir im Parterre hatten also nur ein einziges geheiztes Zimmer. Es gab zwar noch einen uralten elektrischen Ofen, der aber nur kurzfristig, bei beissender Kälte, in den zwei Schlafzimmern eingesetzt wurde. Um sich aufzuwärmen, konnte man sich mit dem Rücken an den Kachelofen lehnen. Die Küche bekam auch etwas von dieser Wärme; denn von dort aus wurde er ja beheizt. Unsere Mutter kochte mit Gas, aber das Ofenrohr direkt über dem Holzfeuer war sozusagen ein zusätzlicher Backofen. Das Ofenrohr im grünen Kachelofen in der Stube, das mit einem Messingtürchen verschliessbar war, enthielt im Winter zwei grosse ovale Bettflaschen aus Metall und ein paar Stoffsäcke mit Kirschsteinen. Elektrische Heizdecken hatten damals die Schweiz noch nicht erobert.

Seit dem Tod meiner Eltern gibt es den grünen Kachelofen nicht mehr. Er ist dem Umbau zum Opfer gefallen und durch Ölzentralheizung ersetzt worden. Doch die letzten Augenblicke mit meiner Mutter sind für immer mit ihm verbunden. Sie hatte ihr Krankenlager dicht am Kachelofen. Sie freute sich über meinen unerwarteten Besuch. Wir wussten beide, dass es wohl der letzte sein würde. Es war noch nicht die Zeit, in der Umarmungen und Küsse zum Alltag gehören. Ich glaube nicht, dass meine Mutter mich je umarmt oder geküsst hat. Als Baby vielleicht. Es macht mich glücklich sagen zu können, dass ich mich beim Abschied zu ihr niederbeugte und sie küsste und sie mich auch. Das Geräusch ihres Atems ist noch ganz lebendig in meinem Ohr. Als wir noch Hunde hatten und ich ihr Atmen hörte, meinte ich, den Atem meiner Mutter zu hören und den grünen Kachelofen zu sehen.

FSC
www.fsc.org
MIX
Papier | Fördert gute Waldnutzung
FSC® C083411

Zeitfracht Medien GmbH
Ferdinand-Jühlke-Straße 7
99095 Erfurt, Deutschland
produktsicherheit@kolibri360.de

Druck:
CPI Druckdienstleistungen GmbH
im Auftrag der
Zeitfracht Medien GmbH
Ein Unternehmen der Zeitfracht - Gruppe
Ferdinand-Jühlke-Str. 7
99095 Erfurt